JN111632

中国輸入
1日1時間
自動化
Yahoo!ショッピング
ひとり物販
外注化
完全攻略ガイド

ぱる出版

はじめに

数年前、私は悲惨な毎日でした。物販を本業に取り組むものの、資金が底をついてしまい、仕入れはクレジットカードで行っていました。当然ながら自転車操業でカツカツの状態です。そして、頼みの綱のカードも支払いを滞納してしまい止められてしまいました。

仕入れるお金がくなり、消費者金融に50万円を借りて、最後に勝負に出たのが中国輸入× Yahoo! ショッピング販売でした。

Yahoo! ショッピングに出店した時、友人も同じタイミングで出店しました。サラリーマンで副業で取り組む人でした。彼も大変な日常で、朝から夜遅くまで続く仕事、少ない休日、通勤のストレス、問題のある上司や部下…現状を何とか変えたくて、彼らは副業として中国輸入ビジネスに取り組んでいました。しかし、思うように利益は出せず、これからどうすべきか悩んでいました。

僕らはYahoo! ショッピングに出店して、人生をかけて中国輸入ビジネスに取り組みました。

「この１年が最後の勝負、これで結果を出せなければ終わりだ」
いつもはプラス思考の僕もこの時はそんな発言をしていました。

３ヵ月後、２人の運命は大きく分かれました。

私の友人はネット広告で見かけた仮想通貨の投資スクールに興味を持ち、その道に進んでしまいました。そして、音信不通になり連絡が取れなくなりました。何度かメッセージを送りましたが、それが届くことはありませんでした。

一方、私は、「中国輸入× Yahoo! ショッピング」に人生をかけて取り組みました。死に物狂いで取り組み、開店３ヵ月後には月商200万円を達成したのです。

それから１年ほど経過して、友人と会うことがありました。以前はほぼ同じ環境で同じ悩みを持っていた私達ですが、２人の間には大きな違いが生じていました。

友人は１年前と同じく忙しい会社勤めを続け、給料や生活環境に変化はありませんでした。仮想通貨のスクールでは真面目に真剣に取り組んだものの稼げたり損したりを繰り返して結局まとまった収益にはならず安定性もないので、少し前に辞めてしまっていました。

一方で、私はYahoo! ショッピング出店後に月商300万円、500万円と確実に積み上げることに成功しました。

何が私達の結果の違いを生んだのでしょうか。才能？　努力？　学歴？

答えはどれでもありません、「何を、どのようにやるか」です。

友人も一年間、会社で努力を重ね、資格の取得のために学び、投資の副業にも真剣に取り組みました。ダラダラと日々を過ごしていたわけではなく、私と同じように努力して頑張ってきたのです。

でも、友人は相変わらず休みが少なく、上司からのプレッシャーに悩む日々を過ごし、資格取得後も待遇は大きく変わりませんでした。

ですが、その結果は、「何を、どのようにやるか」によって大きく異なってしまいました。

一方、私は、売上を上げていくと同時に外注化を進めることにより、時間、場所、人間関係のストレスから解放されて、全てが自分の意志で決められる生活を手に入れ、さらに大企業のエリート以上の収入を得ることができました。

それは「何を、どのようにやるか」の大切さを物語っています。

その後、私は、Yahoo! ショッピングで月商 1000 万円を超えて、楽天や Amazon にも出店したり、他のビジネスを開始したり飛躍の時期となりました。

世の中は残酷であり、才能の差や生まれた時から不平等が存在します。どれほど努力しても、目の前の現実がなかなか変わらないこともあります。

だからこそ、真剣に努力を重ねる人たちが報われることを、私は心から願っています。そのためには、何をやるのか、どのように取り組むかが重要となります。正しい道を選び、適切な方法で取り組めば、その努力は結果として報われるはずです。

本書を一言で言うと

「人間関係、時間などのストレスから解放されて、生活に困らない十分な収入と自由を手に入れる方法」を出し惜しみなく詰め込んだ内容です。

実際に私は2018年からYahoo!ショッピングで販売してきており、2019年からYahoo!ショッピング×中国輸入ビジネスの講師として活動してきました。

物販歴は20年、中国輸入歴は8年、メルカリ、Amazon、楽天、ヤフオク、一通りの販路で販売してきました。過去には、アパレルの仕事をやりながら20種類以上の副業ビジネスを経験してきました。

そんな私が現在、最もおすすめするビジネスが「Yahoo!ショッピング×中国輸入」物販です。

物販ビジネス経験が長い人だと「今さら中国輸入？」と思われた方もいらっしゃるかもしれません。

現在だと、クラウドファンディングやメーカー取引など違う形の物販ビジネスがブームとなりつつあります。しかし、日本の大きな市場を見ていただいても、ECモールの売れ筋ランキングを見ていただいても、中国製の商品が今も上位を独占しており、中国輸入商品が売れているのは事実であり説明不要です。

これは円安であっても関係ありません。競合も同じく仕入れ値が高騰しており、それは中国輸入に限らず他の輸入やビジネスでも仕入れ値は上がっているので、それで稼げなくなるわけではありません。事実として私のクライアント様も順調に売上と利益を伸ばしております。

でも、中国輸入商品はともかく、Yahoo!ショッピングって、そんなに売れるの？　そう思う人もいるかもしれません。

結論から言うと、売れます。

例えば、私の事例でお伝えすると

（Yahoo!ショッピング参入前の物販売上）
・最高月商：180万円
・年商：1,500万円
・純利益率：30％以下
・仕事環境：毎日多忙で家は在庫で溢れかえっている

（Yahoo!ショッピング参入後の物販売上）
・最高月商：1,700万円
・年商：１億円〈月収200万円〉
・純利益率：50％以上
・仕事環境：従業員オフィスなし土日や夜は家族との時間

Yahoo!ショッピングに出店したことがきっかけで、従業員を雇用せずに私の会社は、月商1000万円以上を達成することができました。年商2000万円にも満たず赤字経営を続けていた私が、年商１億円、純利益で50％以上を達成することができたのです。

数年間、ほとんど利益が出ず、クレジットカードのリボ払いで仕入れを繰り返し、借金を背負っていた私が、どのように変わっていったのか。そして、売上だけでなく、家族と過ごす幸せな時間を取り戻した秘訣は何なのか。

「何を、どのようにやるか」

それは本書を読めば必ずわかります。

20年間取り組んできたEC物販。2015年から始めた中国輸入ビジネス、そして2018年から本格的に取り組み始めたYahoo!ショッピング全ての知識を組み合わせてノウハウ化しました。

20年間に及ぶビジネスの数々の失敗と成功、そして累計400名を超える物販経営者に指導してきた実績と得られた膨大な検証結果を元に、再現性の高いノウハウをこの本で全て公開します。

物販で悩める人の人生を変えたい！　という強い気持ちを感じたので、私は自分自身の人生を変えた「中国輸入× Yahoo!ショッピング×仕組み化」の方法を伝えることも仕事にしています。

私が運営するビジネススクール「奥田塾」を通じて、高額で伝えてきたノウハウも、余すことなく、初心者でも実践できるように解説します。

あなたも「売上」や「自由度」が飛躍的に向上できるとお約束します。

私が重視しているのは、単なる表面的なノウハウではなく、本質を伝えることです。そのため本書は、Yahoo!ショッピングでビジネスをしたい方、中国輸入に興味がある方だけでなく、Amazon 輸入ビジネス、せどり、無在庫販売等に取り組んでいる方にも確実に役立つ情報が詰まっています。

私の願いは、本書のメッセージがあなたの行動の指針となり、あなたの人生に何かしらのプラスの変化をもたらすことです。

あなたの成功への道しるべとなること、人生の転機となることを心から願いつつ、さっそく本編に入りたいと思います！

第 4 章
確実に利益を出す「リサーチ」基礎編

第５章
効率良く商品を探す「リサーチ」実践編

第６章
1商品で月1000万円売った「売れる商品ページ」の極意

第７章
お客様の８割を集めるための「SEO」対策

第8章
Yahoo! ショッピングの「広告」は2つだけ抑えろ

第９章
今すぐ使える売上 150%「テクニック集」

第10章
９割の作業を「外注化」する方法

第 11 章
1 日 1 時間で月 100 万円稼ぐまでのロードマップ

おわりに

第1章

あなたが今から
Yahoo! ショッピング×中国輸入を
始める明確な理由

毎日ワクワクしながら個人で大きく稼げる時代が来た

私は現在、複数のビジネスを展開していますが、私の会社はオフィスを持っておらず、自宅で仕事を行っているため、通勤の必要もありません。

年商が１億円、月収200万円を超えた現在でも、私の従業員は家族のみです。

現代は、様々な便利なツールが存在し、個人の外注スタッフに簡単に仕事を委託することができるようになりました。

また、チャット、スカイプ、ZOOMなどの連絡手段も増え、オンラインで全ての業務を円滑に進めることができるようになりました。

アルバイトを雇う必要もなく、ネット上で会うこともなく簡単に外注スタッフと契約し、すぐに仕事を依頼できる環境が整っています。

しかし、このような話をすると、いくらオンラインであっても仕事を沢山依頼することは大変ではないのか？　と尋ねられることもありますが、実際には全く大変ではなく、以前思い描いていた理想の生活に近づいています。

朝は妻と子供３人と一緒に朝食をとり、子供たちを見送った後、朝の散歩や運動を楽しんで、美味しいコーヒーを淹れて仕事を始めます。自分の好きな時間に休憩を取ることができますし、調子が悪いと感じれば運動したり、外出したりすることもあります。

午前中に執筆活動やメルマガの文章を考えるなど集中することが必要な業務を行い、午後には、リラックスしながらできる業務をこなしたり、友人とカフェで会ったり、奥さんの買い物に同行したりします。もし私が独身だったら、夏は北海道、冬は沖縄などのお気に入りのホテルで滞在しながら、ワーケーションを楽しんでいたでしょう。

物を扱う物販だからといって、倉庫を借りたりする必要もありませんし、売上が増えたら従業員を雇わなければならないとか、古い常識に囚われる必要はありません。

自由で楽しいライフスタイルを維持しつつ、しっかりとした収入を得られるのが、現代の物販ビジネスの特徴であり魅力的なところです。

かつては無職で引きこもりの日々を過ごしゲームばかりしていた私でしたが、今では自由な時間を持ちながらしっかりと収入を得るライフスタイルを実現しました。

あなたにも、きっと同じような可能性が秘められているはずです。

かつてはブラック企業で長時間の労働に苦しんでいた受講生が、物販を通じて新たな生活スタイルを見つけ、今では脱サラし、家族との時間を大切にしながら充実した日々を送ってます。

彼らから「人生が変わった」との感謝の言葉をいただくたびに、私自身も大きな喜びと達成感を感じています。

そして、それは「現代はビジネス環境が整い、あなた自身で未来はどうにでもなる」ということを表しています。

もし、今の生活に満足していないのであれば、あなたも新たなステージへの一歩を踏み出してみてはいかがでしょうか？

様々なツールや環境が整った今の時代だからこそ、思い描くライフスタイルを短期間で手に入れることが可能となりました。その旅路の地図として、本書がお役立ちになれば幸いです。一緒に新たな道を切り開きましょう。

理想の生活を手に入れるためのビジネス戦略

理想の生活を手に入れるためのビジネス戦略として、私が採用し成功を収めた方法があります。それが中国輸入とYahoo! ショッピングと仕組み化の組み合わせです。

中国輸入を始めて思うような結果が出ずに数年間もがいていた後にYahoo! ショッピングに出店し、それがきっかけで外注化による仕組み化を本格的に進めました。

それまでも努力をしていたのですが、「中国輸入× Yahoo! ショッピング×仕組み化」の組み合わせで取り組むことで、その努力が一気に報われることとなったのです。

現代のビジネス環境が整っているとはいえ、どのビジネスに取り組むか、そしてどう取り組むかによって結果は180度変わることさえあります。私自身も成功するまでには副業として20種類以上のビジネスに取り組み、沢山の失敗を経験しました。

流行に乗ったせどりやアフィリエイトなど、さまざまなビジネスにチャレンジしましたが、努力はしているのに結果が出ませんでした。もちろん、せどりやアフィリエイトで成功している人もいますが、安定した状態を構築していきたいと思っていた私には向いていませんでした。

私が今のビジネススタイルを確立していく際に最も重視したのは、「再現性があり積み上がる」、「幸せな生活に繋がる」という２つの要素でした。

2019 年からコンサルなどで情報提供する立場となったこともあり、自分が成功した方法をそのまま伝えるのではなく、さまざまな状況下の人が再現できるように意識してきましたので、自然と「再現性があり積み上がる」ノウハウを構築できるようになりました。

もう１つ重要視していたのが「幸せな生活に繋がる」ですが、これはあることがきっかけで強く意識するようになりました。

それは、過去に「ビジネスでお金も自由も手に入る」と謳っていた人にコンサルを受けた時でした。

ある時、私が「子供との時間が必要なので土日は仕事を休みます」とそのコンサルタントに伝えたところ、まさかのセリフを言われました。

「ビジネスの世界に土日や祝日なんてないですよ！休日に休むなんて経営者失格です。私も土日は休んでません。人が休んでいる時こそチャンスです！仕事をしましょう！」と言われました。この言葉には、とてもショックを受けました。

もちろん、働くことは悪いことではありませんし、ビジネス初期は仕事を優先して一生懸命に取り組む必要があります。時には土日返上で取り組むべきタイミングもあるでしょう。しかし、「ビジネスの世界に休日なんてない」という言葉は私の希望を奪いそうになりました。

なぜなら、私は「働いてばかりが人生のすべてではない」と考えて自由を求めてビジネスを始めたからです。人生において、家族との時間や自分の時間を手に入れたかったのです。

当時のコンサルタントから「馬車馬のように働くことが当然だ！」と教えられた時、その教えにショックを受けながらも、「いつか、必ずこの状況を変えてみせる」「自分はこの人のようにはならない」と心に誓いました。

この経験があったので、私が人にビジネスを教える立場になった今、売上や利益を上げることだけが目的ではないことを強く伝えています。目的はその先にある、あなたや家族が理想の生活を手に入れることだと。

ビジネスでも忙しい時期もあるし、自由が少なくなる時期もあります。しかし、それが全てではなく、自分自身でコントロールできる状態を目指すべきです。

理想の生活を達成するためには、売上を上げつつお客様にも喜んでいただき、仕組み化していくことが重要です。そうすれば、家族との時間や自分の時間を確保しながら、ビジネスを安定させることが可能になります。

私自身がそうした方法で取り組んできた結果、年商１億円を達成した時も、以前より忙しくない状態を実現できました。

さらに、たとえ忙しい日々が続くとしても、忙しさ自体がストレスとなるわけではありません。ストレスは、自分が本来やりたくないことをやらされるから生まれるものだと思います。

私自身も、自分の仕事に夢中になることが多く、この文章を執筆している現在は忙しいですが、自身の望むことに没頭しているので、忙しくても幸せと感じています。これが当たり前だという常識に囚われず、自分が望む生活スタイルを手に入れるためにビジネスを成功させましょう。

その結果を手に入れるために「中国輸入×Yahoo!ショッピング×仕組み化」を是非、取り入れていただければと思います。

Yahoo!ショッピング成功への道は今すぐに取り組むこと

「中国輸入×Yahoo!ショッピング×仕組み化」は、適切なノウハウで作業を継続して行えば、商品は確実に売れていきます。

最初は時間をかけて、努力を重ねて、地道な作業を行う必要がありますが、これは他のビジネスやスポーツでも同じです。スポーツと比較すると、Yahoo!ショッピングの運営は難易度が低いと言えるでしょう。

実際、私のクライアントには、赤ちゃんを育てて家事もしながら運営している主婦の方や、会社員で副業として取り組んでいる方もいます。ですから、Yahoo! ショッピングの運営自体はハードルは高くないはずです。

適切な手順を踏むことで、Yahoo! ショッピングでは「継続的に利益を積み重ねる」ことが可能となります。一度成功の流れに乗れば、その流れを外注化し仕組み化して、あなたが働いていない時間でも稼働する仕組みを構築することができます。

ただし、将来的にはYahoo! ショッピングの参入者は増えていくでしょう。急激にライバルが増え過ぎることはないと思いますが、Amazon 販売など他の販路で苦戦しているセラーたちや、広告費ばかりがかかって利益が上がらない物販経営者たちが、Yahoo! ショッピングに参入してくる可能性があります。ですから、今のうちにYahoo! ショッピングのノウハウを学び実践してスキルを高めておきましょう。また、商品やショップのレビューを増やしたり、優位性を確立しておくことが、5年や10年先にも安定したショップを構築していくためには重要となります。

本書で学びながら、すぐに参入することで、他のライバルよりも有利になっていきます。そのため、1日でも早く参入して実践すべきなのです。

コロナや円安でも収益を生む、最高に堅実なビジネス

「中国輸入× Yahoo! ショッピング×仕組み化」のビジネスでは、丁寧にリサーチを行い、販売ページの作成やSEO にもお伝えする通

りに取り組むことで、初期段階でも月に数十万円の利益を稼ぐことは現実的に可能です。

本書の知識をしっかり理解して実践していただければ、Yahoo!ショッピング販売について初心者だったとしても、月商200万円程度は１年以内に達成が可能です。そして、手数料や広告費や外注費や原価などを差し引いた営業利益率で20％前後を見込むことさえできます。せどりや他の物販ビジネスでは利益率が10％以下ということは多々あることなので、利益率は20％は非常に高い値です。

私が今まで指導してきた受講生は、月商200万円以上、利益率20％という目標は高い確率で達成されてきました。また、本格的にこのビジネスに取り組んだ結果、月商500万円、月商1000万円、さらには月商2000万円を達成した受講生も存在しており、大いなる可能性を秘めたビジネスと言えます。

「中国輸入×Yahoo!ショッピング×仕組み化」に取り組むべきメリットとしては、他の物販や副業に比べて安定した収入を得られること、再現性が高いことなどが挙げられます。

また、私が過去に経験したリアル店舗ビジネスのように、初期投資として1000万円が必要、みたいなこともありません。初期資金が100万円であっても、１年後に月商500万円、月収100万円を達成することが可能です。

中国輸入ビジネスのリスクは最小限に抑えられます。仮想通貨投資などの投資と違って、価値がゼロになったり数分の１になるようなリスクはほとんどなく、きちんと需要のある商品を仕入れていれば、仮に販売に失敗しても、販売価格を原価程度まで下げると在庫処分できることが多いです。

中国輸入商品は、商品ラインナップが充実していて、今や世界中が仕入れに使うほどなので、取り扱う商品が尽きることもありません。また、新型コロナウイルスのような世界的なパンデミックや大災害が発生した場合でも、それをチャンスに変えることができます。

実際、私自身もコロナ禍で収益を数千万円増やすことができました。コロナ禍にはコロナ関連商品が物凄く売れました。災害が発生した際には、その災害に関する商品を求める人が増えるので関連商品が売れます。病気が流行した時はその病気を予防する商品などが大量に売れます。そのため、どの時代でもどの状況でも売れる商品が出現するので、とても堅実なビジネスです。

中国輸入商品がYahoo!ショッピング販売に最適な理由

Yahoo!ショッピングでは、中国から輸入された商品や日本製品など、様々なアイテムが販売されています。日本製の販売に憧れを持っている人や、あえてタイなど他の国の商品で差別化したいと考える人は多いです。

しかし、まずは中国輸入商品の販売から取り組むことをお勧めします。その主な理由は、中国輸入商品は他の国の商品よりも、リサーチとSEOの利点が圧倒的に大きいからです。

まずリサーチについてですが、Yahoo!ショッピングで販売を始める場合、リスクを最小限にして、商品を確実に販売したいと思うなら、「マーケットイン」という考え方が重要です。

これは、すでに人気のある商品や需要がある商品を販売する戦略を指します。つまり、Yahoo!ショッピングですでに需要のある商品を探すことが重要となります。

Yahoo!ショッピングのランキングを見ると、中国輸入商品が数多く上位に表示されていることが確認できます。

低価格帯の商品の大部分は中国輸入商品です。したがって、他ECモールと同様に、Yahoo!ショッピングで売れている商品の大部分は中国輸入商品であるため、これらの商品は、半永久的に見つけることが可能で理想的です。

また、SEOの観点から見ても、中国から輸入した商品は大きな利点があります。Yahoo!ショッピングで商品を売るためには、検索結果で上位に表示されることが必須です。なぜなら、Yahoo!ショッピングの利用者の約８割は検索を通じて商品を購入していると言われ、長年の経験としても検索経由のご注文が大変を占めます。つまり、検索結果で上位に表示されなければ商品は売れないということです。

新商品を販売する際、初期段階ではその商品はまだ売れていないので、検索結果の上位に表示されません。このような状況で新商品をどのように販売していくかというと、検索の「安い順」で表示させる方法が鉄板、キーワード検索した時の「安い順」で上位表示させ、注文数を増やし、「おすすめ順」の上位表示を目指す方法が理想的なSEO攻略策となります。

ここで日本製品などは問題が発生します。日本製の商品の原価はほとんどの場合、中国製品の数倍であることがほとんどです。価格を下げて「安い順」で上位表示を狙うと、大幅な赤字になってしまいます。

しかし、中国輸入製品は原価が低いため、初期のセール価格にでも、1つあたりの損失は少なく、一部の商品では赤字になることなく「安い順」の上位表示が可能になることもあります。

もちろん、Yahoo!ショッピングでも、日本製品やブランド製品の販売は成功可能です。私自身、中国輸入商品の販売を経験した後に、日本製品の販売を始め、メーカーに発注したオリジナル製品の販売も行っています。

しかし、これらの成功は、中国製品の販売で得られた経験と増えた資金、そして広告活用のスキルが格段に上がったからこそ実現したものです。

したがって、スタート地点にいる方や、Yahoo!ショッピングでの販売で月商500万円や月商1000万円に達していない方には、中国輸入商品の取り扱いを推奨しています。

まずは、中国輸入商品で実績を作り、経験を積んで資金を増やし、その後で中国輸入商品以外に挑戦するのが良い戦略と言えます。

Yahoo!ショッピング×中国輸入の未来は予測できる

「Yahoo!ショッピングの未来をどのように予測できるのか？」と

疑問に思われるかもしれませんが、私はほぼ確実に今後起こるであろうシナリオを予測できます。当然、これは予知能力などではなく、中国輸入販売における EC モール販売の歴史を見てきた経験からです。

日本の３大 EC モールは Yahoo! ショッピング、楽天、Amazon なのですが、Amazon と楽天がその先頭を走っています。多くのネットビジネスが海外から導入されてきたように、物販ビジネスでも、まずは Amazon や楽天で起きたことが、時間を経て Yahoo! ショッピングでも発生するというパターンが存在しています。

例えば、Amazon では古くから提供されている倉庫配送サービスの FBA がありますが、Yahoo! ショッピングでは 2022 年にようやく倉庫配送システムが実装されました。楽天では数年前に、販売画像の１枚目のサムネイル画像に関して、テキスト占有率を 20% 以下にするガイドライン改定が行われました。Yahoo! ショッピングではこれが 2023 年に導入されました。このように、Amazon と楽天ですでに起こっていることが後から Yahoo! ショッピングで起こるという現象は少なくありません。

私が副業として 2015 年に Amazon で中国輸入販売を始めたとき、すでに後発組でした。当時、個人で中国から輸入した商品を Amazon で販売するというビジネスは、ネット物販の業界では既に普及していました。そして、2016 年には、Amazon で中国輸入商品を販売するビジネスモデルは、競争が激化していました。結果、中国のアリババなどのサイトから単純に商品を仕入れて販売するだけでは価格競争になり、利益を得ることが困難になっていきました。

しかし、驚くべきことに現在のYahoo!ショッピングでは、私が2016年にAmazonで行っていた「中国から単純に商品を仕入れて販売する」という単純なビジネスモデルでさえ利益を上げることができます。

これは、Amazonだけで販売しているセラーからすると信じられないことだと思います。

現在のYahoo!ショッピングでは、高度なスキルを持っていなくても、月収100万円以上が稼げてしまうのです。当然、Yahoo!ショッピング独自の市場や、ノウハウがあるので仕入れて販売するだけで稼げるようなことはないですが、難易度としてはAmazonと比べるとかなり低いです。

Amazonでは2016年の時点で沢山の中国セラーが参入していました。その多くは私たちよりも中国商品を低価格で販売できる利点を生かして、日本人が販売に成功した商品は、すぐに中国セラーが同じ商品をもっと安い価格で販売し、価格競争が激化したのです。

Yahoo!ショッピングでは基本的に日本で届け出がある個人事業主か法人しか出店できないことなどから、中国人セラーが爆発的に増えることがありません。

そして、Amazonで初心者の人の悩みの種となる、同じページに別のセラーが参入して販売できる「相乗り販売」というシステムは、Yahoo!ショッピングには存在しません。

その結果、日本人や日本に籍を置く人々にとって、Yahoo!ショッピングは有利であり、運営しやすく、競争が激しい商品が少なく、嫌がらせも少なく、市場の上位を取りやすいECモールとなっています。簡単に言うと、Amazonと比較してライバルがかなり弱いです。

Amazonでは多くの中国輸入セラーがオリジナルブランド名で商標を取得して商品に反映させ、相乗り販売を防いだり、商品をオリジナル品に見せることを行っています。ロゴ入れやパッケージの変化だけだと多くの商品で通用しなくなっていき、需要が高い市場ではOEM販売も増えていきました。

しかし、現在のYahoo!ショッピングでは、オマケやセット販売すら行っているセラーは少なく、商標を取得してオリジナルブランドとして販売しているセラーはほとんどいません。これがどれほど有利な状況なのかは、Amazon販売の経験者なら理解できるでしょう。

メルカリなどでしか販売を経験していない人は、SNSなどで「Yahoo!ショッピングは競合が増え、利益を得るのが難しくなってきた」と言っていることがありますが、私としてはまだまだ余裕があると感じています。不安に思っている方は、本書を読み進めて実践することで、具体的な結果が見えてきて、不安は自信へと変わることでしょう。

借金背負った貧乏経営者が、年商1億円達成するまで

私は、今でこそ沢山の方を指導する立場となっていますが、この10年間を振り返ると失敗の連続でした。失敗して改善を繰り返すことで、やっと「中国輸入×Yahoo!ショッピング×仕組み化」のビジネスモデルを確立して大きな実績を出すことができたのです。

現在のYahoo!ショッピングの多くの市場で、現役の受講生と元受講生が上位を独占していたりします。

本書を読んでいただいている方には、物販ビジネスでなかなか良い結果を出せずに苦しんでいる方や、結果を出せずに自信を失いかけている方もいらっしゃると思いますので、少し私のビジネスの歴史をお話しさせてください。

私はかつて、学生生活が終わってからもフラフラしていて、無職になりました。実家でダラダラと無職生活を続け、朝方までゲームをやって、夕方ぐらいに起きて…みたいな相当ダメ人間だったと思います。

そんな生活で貯金が0円になってしまい、ゲームを買うお金もないので、小遣い稼ぎでヤフオクやモバオクなどのオークション販売をやり始めました。

当時、アパレル会社であってもネット通販をやっていない会社も多かったので、人気ブランドを店舗で適当に買ってきて出品するだけで定価以上になるような状態でした。

運よく売れて儲かったので、友人に誘われブランド品を扱うセレクトショップを関西でオープンさせました。

これまたタイミングが良くて、当時、通販とブログに力を入れていた私達のショップは売上が順調に伸びていき、出店3年目には月商が1000万円を突破しました。

服飾の学校にも行っておらず、就職もしたことがない状態での手探りでの運営だったので、先行者利益だったと思います。

アパレルの運営には10年近く関わっていましたが、運営者同士の方向性の違い、強力なライバルの出現など、徐々に衰退を感じ、私は未来が見えなくなっていきました。

もっと稼ぎたい、もっと自由になりたい。それを実現するにはこのビジネスでは難しいと感じていました。そして、20種類以上の副業に取り組み、沢山の情報商材に騙され、最後に出会ったのが「中国輸入」でした。

それまでに取り組んだ副業の中で初めて大きな可能性を感じたので、アパレル販売を辞めることを決意し、中国輸入ビジネスに人生を賭けることを決断しました。

2016年１月に中国輸入ビジネスで起業したのですが、結婚しており、子供もいました。マイホームのローンもあり、貯金はほとんどありませんでした。そして、お金がないのに形から入ろうと、新型のmacbookを分割払いで買ってしまって、マイナスからのスタートといってもいい状態でした…。

妻が第二子の妊娠中という状況でのスタートだったので、今思うとかなり思い切った決断だったなと思います。

就職したこともなく学歴も高くないため、このビジネスに失敗したら終わりだという状態でした。ビジネスに失敗してアルバイトや就職をするつもりはこれっぽっちも考えていませんでしたので、身勝手ではありますが､このビジネスに失敗したら人生の終わりが待っている。と本気で覚悟を決めて挑みました。

それまでの人生、苦労もしましたが、なんだかんだ運で乗り越えられた部分もありましたし、数字としてもある程度実績を出せていたので、根拠のない自信もありました。しかし、中国輸入ビジネスで起業した当初は、非常に厳しい状況で、全く利益が出ず、仕入れも複数のクレジットカードを使って行っていました。給料も出せない状態でした。

１年目、２年目は特に状況がひどくて、廃業寸前でした。そして、当時のメイン販路だったメルカリもアカウントが止まってしまい、クレジットカードの支払いもリボ払いで自転車操業、親に借金してもまた足りなくなり、消費者金融に借金してしまう状況まで悪化していきました。

もうダメか…と思いました。しかし、妻と子供の人生も背負っているので、何か方法はないかと毎日考えて朝から晩までビジネスに取り組み、なんとか乗り切ってきました。今思うと、いつ倒産してもおかしくない状況でした。

その後、2018年にYahoo!ショッピングに出店することになりました。そこからは、仕組み化を意識したこともあり、安定して積み上げることができました。リボ払い地獄だった私が年商１億円を達成することもできました。人生、何か１つのきっかけで、思いがけないことが起こるということも経験できました。そして、人との出会い、タイミング、しんどくても常に前を向いて行動することの重要性を知り、「諦めずに必死に行動し続けると奇跡が起こる」ということも身をもって体験してきました。

チャンスが訪れた時にすぐに決断できたこと、それが人生をも左右するターニングポイントとなりました。

本書を読むことが、あなたの人生のターニングポイントになれば、こんなに嬉しいことはないなと思っております。挫けそうになることはあると思いますが、あなたにも毎日がワクワクして楽しい！と言っていただけるように、本書は心を込めて時間を惜しまずに執筆しました。この気持ちが届き、あなたのビジネス、そして生活の何かが変わるきっかけになれば嬉しいです。

第２章

ひとり物販で
年商１億円を達成する人は、
「これ」しかやらない

80% の仕事を捨てて 500% の結果を出す方法

私は長い間、中国輸入物販で稼ぐことに苦労し、暗闇の中をさまよっていました。Yahoo! ショッピングへの出店が1つの転機となりましたが、実はそれ以外にももう1つ、私の人生を一変させる大きな要素が存在していました。

それは、Yahoo! ショッピングへ出店した直後、仕事のやり方を大きく変えたことです。それまでは毎日メモに書いたタスクを1つずつこなすという方法でしたが、Yahoo! ショッピングに出店後、作業量が増えてタスクを全てこなすのが困難になりました。

その時、「パレートの法則」を思い出しました。これは、全体の成果の80%は上位20%の要素から生まれるという法則です。そこで、全てのタスクをこなすのではなく、上位20%の重要なタスクに注力することを実践していきました。実際に、その法則を実行してみると、後回しにしても問題ないタスクが多いことに気付きました。

この新たな発見から、まずはタスクの優先順位付けを行いました。それぞれのタスクを重要度に応じてランク付けし、最重要、重要、その他のカテゴリに分けました。そして、最重要と評価されたタスクはより時間をかけて自分で行い、その他のタスクはクラウドソーシングサイトで外注さんに任せることにしました。

この新たな取り組み方を始めて以降、本当にやるべきことに集中でき、より重要な「利益に直結すること」「売上や利益を大きく変動させること」に注力することで、結果が出るスピードもかなり向上しました。

仕事のやり方の次は、商品に対しても同じことを行いました。各商品を利益率や利益額をデータ化して、トレンドなども考慮しながら優先順位付けを行い、最も利益をもたらす商品順に並び替えてランク付けをして、ランクの高い商品により多くの時間と資金を注力しました。

そして、ある時、「上位20％の要素が全体の80％を占めるならば、上位10％の要素にリソースを集中すれば、さらに効率的に大きな成果が得られるのではないか？」と考えました。

そして、全体のタスクのうち９割を外注さんに任せ、残りの１割の最重要なタスクに集中しました。その一方で、商品に対しても同じことを行い、自社の商品の中で最も利益をもたらす１割の「エース級」の商品にリソースを集中して注ぎました。

この戦略のおかげで、働く時間は変わらずとも、売上と利益が劇的に増加し、年商が2000万円から１億円、月収は200万円となりました。

2019年からはYahoo!ショッピング販売の運営指導を開始し、中国輸入をYahoo!ショッピングで売り上げるためのノウハウだけでなく、外注化や効率良く利益を最大化する仕事のやり方も伝授しました。

その結果、私が５年間で得た結果を１年で達成する人など、次々に大きな結果を出す人が続出しました。これは、中国輸入とYahoo!ショッピングで稼ぐためのノウハウだけじゃなく、センターピンを捉えて限られたリソースを最大限に活用する方法の両方をマスターしていただいたからです。

私が売上を急激に伸ばせた時に意識していたことは、いかに「伸びる可能性のある商品だけに力を注げるか」です。限られたリソースで利益が最大化する商品にリソースを集中させることを徹底していました。

これは受講生にアドバイスをする時も同じです。まずはデータを出していただき、一緒に攻めるべきセンターピンの商品を見極めていきます。そして、リソースが最大化する商品に力を入れていただきます。もちろん、その他の商品を放置してしまうわけではありませんが、時間的リソースと資金的リソースを極端に分けていただきます。

そうすることで、自社よりも資金力が大きいショップが競合にいたとしても勝てる確率がグンと上がります。初心者が大きなショップに勝つポイントとしては、大きなショップが本気で力を入れてこない市場を選び、その中から利益が最大化する商品を選定してリソースを注ぎ込むことです。そういった商品は、市場規模が限られているデメリットはありますが、利益率が高い傾向にあります。それらの商品を見つけて、集中的に力を入れることで資金や経験がまだ少ないショップであっても効率的に黒字商品を増やしていくことができます。

また、データを重視することも大切です。商品の売上や利益率、回転率などのデータを常に分析し、それを基に商品の選定や広告の予算配分を行っていくことで、常に最大の利益を追求することができます。

このように、**ひとりで最大限の結果を出していくには、タスクと商品の優先順位付けを行い、時間と資金を結果が最大化する部分に集中する**ことが大切です。

この方法を導入した結果、赤字で忙しい毎日だった私が年商１億円を超え、より少ない労力で大きな成果を出すことができました。多くの雑務は人に任せて、重要な仕事をより丁寧にリソースを注いでいくことで、500％の結果を出すことができました。

私たちが毎日行っている作業の多くは、実は他の人がやってもあまり成果が変わらなかったりします。そういった作業を人に任せて、本当に重要なことに集中することで、大きな成果を出すことができます。これがひとり物販で成果を最大化する方法です。

売上アップの鍵「統計」で見るべき重要な３つの部分

売上も利益もアップさせるためのデータの分析について説明します。まず、Yahoo! ショッピングのストアクリエイター内の「統計」機能を使用して商品を分析します。統計は商品別に売上や購買率の確認が可能です。以下では、「統計」の特に重要な部分と分析方法について説明します。

ストアクリエイターの統計を開くには、PC でストアクリエイターのトップページにアクセスし、左バーの「７・販売管理」→「全体分析」→「商品分析」と進んでください。

選択する期間は、2週間から1ヵ月がおすすめです。個人的には2週間ごとに分析を行うことをお勧めします。

データを確認したい期間を指定して「適用」ボタンをクリックして、「CSV ダウンロード」をクリックするとデータがダウンロードされます。

データを開いたら、特に重要な項目は次の3つです。「売上合計値」「訪問者数」「平均購買率」です。

- 「売上合計値」指定期間内の各商品の売上総額
- 「訪問者数」各商品ページを訪れた人数
- 「平均購買率」指定期間内の平均的な購買率

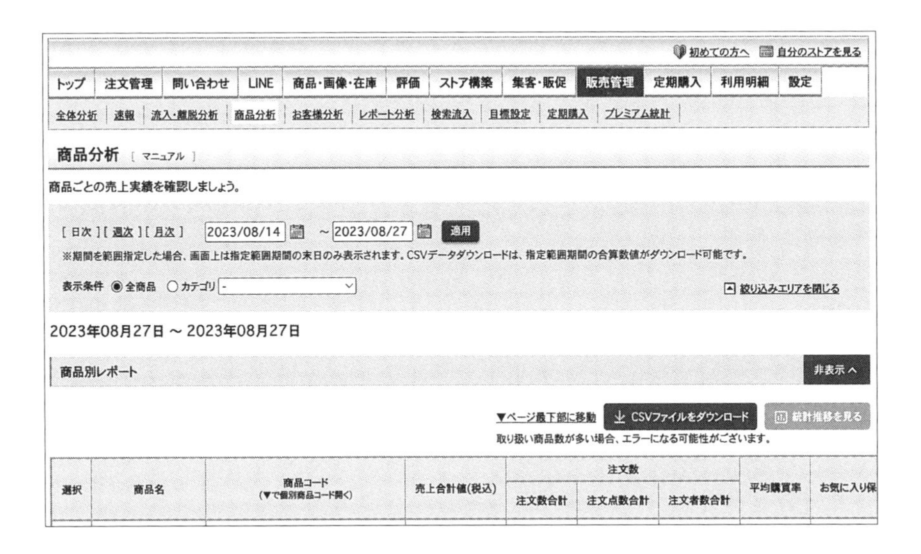

これらのデータを、各商品の利益のデータと組み合わせて計算することが重要です。

売上を増やすためにはアクセスと購買率を上げる必要があります。なんとなく対策するのではなくて、実際のデータを分析しながら施策を進めることが重要です。統計でダウンロードしたデータに、各商品の利益率と利益額の情報を組み合わせることで、どの商品が収益に貢献しているかや、どの商品にリソースを注ぐべきかを判断することができます。

「訪問者数」が低いと儲かることは不可能！？

データを分析したときに「訪問者数」が低い商品は、まず「訪問者数」を上げない限り売上も利益も上げることは難しいとわかります。

例えば、月に訪問者数が100人しかない商品がある場合、購買率が８％だったとしても、100 × ８％＝８個しか売れません。商品の価格が1000円で利益率が30%の場合、1つあたりの利益は300円です。つまり、300円 × 8個＝2400円となり、1ヵ月に2400円しか利益を上げることができません。仮にこのような商品が30商品あっても、月の利益は72,000円にしかなりません。これだと月収100万円に到達するまでには遠い道のりです。

このような場合、まずは上がる余地のある「訪問者数」を対策します。SEOを上げたり、価格を下げたり、広告をかけて「訪問者数」を増やします。

「訪問者数」が上がればこんなに儲かる

人気商品の場合、月間の訪問者数は1万人以上になることもあります。仮に訪問者数が1万人の場合、先ほどと同じ条件の購買率8％、利益額300円で計算すると、10,000人× 8％ × 300円 ＝ 24万円の利益が1ヵ月で1つの商品のみで得られます。

このようにして計算しながら分析を進めると、購買率の重要性もより明確になります。

購買率が低いのは穴だらけのバケツで水を汲むのと同じ

「訪問者数」が高くても「購買率」が低ければ、大きな穴の開いたバケツに水を注ぐような状態になります。例えば、先ほどと同じ例で訪問者数が1万人で1個あたりの利益が300円の場合、購買率が8％だと24万円の利益でしたが、購買率が1％ならば月の利益は3万円にしかなりません。このように購買率が極端に低い場合はまず、販売ページを大幅に修正するなりして購買率を上げることを優先する必要があります。

まずはデータを取得して、その商品が売れていない原因はどこにあるのか？「訪問者数」なのか「購買率」なのかを突き詰めて、さらに、どの商品にリソースを注げば利益が最大化するのかを直感ではなく数字で見て、数字を上げていく施策が売上と利益に直結する大事な分析となります。

売上アップの基本「訪問者数」と「購買率」を増加させるための５つの手法

売上を拡大するための基本的な知識として、「訪問者数」と「購買率」の数値を上げることを意識しましょう。全ての戦略は「訪問者数」と「購買率」、そして「顧客単価」の引き上げを目指すべきです。特にECモール販売においては、「訪問者数」と「購買率」の増加が最優先課題となります。

それゆえに、「訪問者数」と「購買率」をどのように増加させていくかを理解することが、まずは重要となります。以下に、Yahoo!ショッピングにおいて「訪問者数」と「購買率」の数値を上げるための手法を５つずつ記載します。

「訪問者数」を増加させる５つの手法

- サムネイル画像の強化
- キーワードの最適化
- 「おすすめ順」での上位表示
- 「安い順」での上位表示
- 広告を用いた露出拡大

具体的な手法については、それぞれSEO、広告、商品ページの章で説明します。基本的に、「訪問者数」を増加させるためには、サムネイルとキーワードを適切に調整し、検索結果で上位に表示されることが重要となります。まずは、この基本的な考え方を理解しておきましょう。

「購買率」を向上させる５つの手法

- 画像の改善
- 商品説明文の改善
- 価格を下げる
- 商品レビューの改善
- 保証サービスの充実

「購買率」を向上させる対策の中で最も影響力が大きいのは「画像」の訴求力です。この「画像」と「価格」が購買率に最も大きな影響を与えると断言できます。なぜなら、商品説明文を読まないお客様がいても、販売画像を見ないお客様はまずいないからです。また、商品のベネフィット、信用性、概要、なども画像を通じて伝えることが重要となります。

価格については、低いほど購買率が高まる傾向があります。しかし、価格を下げれば下げるほど利益率が下がるため、利益が最大化する価格を意識して価格設定を行うべきです。販売個数だけが最大化する価格ではなく、利益率だけを意識した価格ではなく、どの価格が利益が最大化するのかを調整しながら探っていきます。

また、ニッチな商品ほど購買率が高まる傾向にあります。したがって、高い購買率＝販売ページが優れていると判断するのではなくて、購買率を分析して対策する際には各商品において購買率が上がっているか下がっているかをチェックして改善していきましょう。ちなみに、競争が激しい市場（レッドオーシャン）では、競合が多く、購買率は下降傾向にあります。

以上が、「訪問者数」と「購買率」を増加させるための基本的な知識です。これを理解することで、売上向上戦略を立てるための基盤を形成することができます。理解して読み進めましょう。

「吸血鬼」商品に騙されず、「救いの女神」商品を見つけよう

「売上」だけを上げるのであれば「売れている」商品を仕入れる。それだけで解決してしまいますが、当然ながらビジネスはそんなに単純にはいきません。お客様は他社と比較して商品購入を決めますので、競合に優っている部分がないと購入されないからです。ですので、競合に勝てる商品を販売するべきであり、それが利益の最大化に繋がります。

また、中国輸入ビジネスの経験がない人が懸念する１つの要素に、単価が低いけど儲かるのか？　というものがありますが、販売価格においては高ければ良いというものではなくて、単価が上がればそれだけ購入したい顧客層が減り購買率も下がる傾向にあります。それは飲食業界などを見ていただいてもすぐに理解できると思います。チェーン店では数百円の商品が並び、コンビニにも低単価な商品が並びます。1000円のコーヒーより、150円のコーヒーの方が需要は高いですよね。ECモールの総合ランキングなどを見ていただいても低単価な中国輸

入商品が並んでいて、マーケットインの観点からも中国輸入ビジネスの有利な点でもあります。

単価の低さばかりが懸念されますが、要は「訪問者数×購買率×顧客単価」の合計値と、それにおける「利益率」が高くなるものを扱うべきで、単価が高くても「訪問者数」「購買率」が低ければ売上は低くなりますし、利益率が低ければ意味がありません。

例えば、販売価格 5000 円で販売すると、1000 円の商品を販売するよりも５倍ラクそうには見えますが、多くの場合、1000 円の商品と比べて 5000 円の商品は「訪問者数」が５分の１以下になるケースが多く、「購買率」も低くなるので、結果的に 1000 円の商品の方が売上が高くなることが多いです。

また、5000 円の商品を販売して利益額が 1000 円残るとしても、1000 円の商品を販売して利益額が 300 円残る方が、利益率は高いのです。

小さな会社であったり、個人事業での販売においては、利益率を優先するのが正解といえます。仮に利益率が低いままだと、最悪の場合、資金繰りが悪化して途中でショートすることになります。

例えば、販売価格 1000 円で利益額 300 円の利益より、販売価格 3000 円で利益額 450 円の商品を選んでしまった場合、１つの販売における利益額はアップするのですが、利益率は 30％から 15％へ下がります。使える資金は限られているわけで、その限られた資金の中で仕入れて販売をしなければなりませんので、利益率が低い商品を扱うと、結果的に利益が下がってしまうわけです。

資金が限られているなら、限られた資金で最大化していく必要があるので、より儲かる商品を厳選して資金を使う必要があります。ですので、資金が少なければ少ないほど利益率にはこだわりましょう。

キャッシュフローに悩んでいる人にアドバイスさせていただく時に、よくある悪手として「売上が高くて利益率が低い商品」を扱っていることが多々あります。**「売上が高くて利益率が低い商品」は薄利多売となるので、小さい会社や資金が限られている個人からすると資金を蝕む「吸血鬼」のような商品**になります。

限られた資金を吸い取られて利益をほとんど生み出さない。資金を吸い取られるから、稼ぐための商品を仕入れる資金が不足する。新商品を発売できなくなる。本当に最悪です。

でも「売れているから…」という理由で「吸血鬼」商品を辞めれない方が多いです。売上がまだ少ない時ほど売上上位の商品は「救いの女神」に見えるものです。しかし、実際には「救いの女神」ではなくて最悪の「吸血鬼」なのです。そのような商品を置いておくことで、売上の数字は高くなるので嬉しい気持ちになりますが、キャッシュフローが悪化して停滞し、資金が詰まってしまい新商品を投入したくてもできなくなったり、ずっと低い利益率で売上が上がっても儲からない状態が続きます。

その為、利益率は最終手残りで20%ぐらいは残る商品を揃えることをお勧めします。そうじゃないといつまで経ってもお金が残らず、商品数と仕事だけ増えて稼げないですし自由にもなりにくいからです。

利益率を上げるための施策としては、「仕入れ価格を下げる」「値上げする」のどちらかに集約されるのですが、「仕入れ価格を下げる」には大量の発注が必要なことがほとんどですので、初期段階では対策できません。

「値上げする」場合は、ただ単に値上げしても売れなくなってしまいますので、成功させるために、まずは画像の改善を行ったり、SEOを上げてアクセスを上げておくなど、対策しておく必要があります。また、価格を上げる場合は、売れている競合の相場価格も意識しながらにしましょう。

結論として、きちんと利益を残していくには、商品データを分析して、売上に惑わされずに利益率もしっかりと意識して、商品の強化を行う必要があります。

あくまで、使える資金が限られた中で利益を最大化することが求められるので、あなたの物販ビジネスを成功につなげるためには「真の利益商品」を見つけてそこに多くのリソースを投入することが大切です。「訪問者数」「購買率」を強化して、価格を上げて「利益率」を上げていきましょう。売れているだけでなく、しっかりと利益を生み出す商品を選び、あなたのビジネスの成功へと常に改善していきましょう。

全体１割の「これ」しかやらない部分で異常値を出せ

データを使って、全体の１割程度（商品数が少ない場合は２割程度）の主力商品や金の卵となる商品を決定したら、その商品を徹底的に強化しましょう。もっと売って、もっと利益を増やすためにも、重要な部分で異常値を出しましょう。

その重要な部分とは、商品選定、ページ作成、SEOになります。

データを使い、強化商品を選定して、ページとSEOを徹底的に強化します。多くの人は商品選び、ページ作成、SEO強化など重要な部分の作業を疎かにしています。なんとなく売れている商品を選んで、何となく強化します。

しかし、あなたは、リソースを最大化させるために、しっかり商品を選んで、画像やSEOの強化を圧倒的なレベルを目指して行ってください。

例えば、データを見て、そこそこ売れているけど購買率が微妙な商品があったら、なんとなく販売ページを強化するのではなくて、異常なぐらいの高い基準で対策してください。

ライバルと同じレベルではなくて、全ライバルを圧倒するぐらいの基準で対策しましょう。気持ちとしては「これが売れなければ倒産する」くらいの執念で行うのが良いです。

私が初めて需要の高い商品を軌道に乗せることができたとき、その商品に対して何度も試行錯誤し、ページの画像を何度も修正し、キーワードの選定を何度も何度も見直しました。手直しする部分がなくなるまで、「もう対策できる部分はない」と思えるほどに取り組みました。

結果、まだ全体の月商が200万円にも満たないときに、初めて１商品で売上100万円以上を達成しました。ベンチマークしていたライバルは年商数億円のパワーセラーでしたが、その商品だけは私がランキングと検索順位で１位になり、勝つことができました。

これは、資金で勝っているライバルに対して、弱者だった私が資金の不利な部分をカバーするために、商品を厳選して、その商品へのリソース投入を徹底して、圧倒的な基準値で行った結果です。

その後、軌道に乗った私は、Yahoo!ショッピングのみで１商品で月商800万円営業利益25％の販売に成功したり、ヤフーでも楽天でも月商100万円以上の商品を連発して出すことができました。

このように、利益をもたらしてくれる商品を見極め、集中的に対策を行うことで、売上の高いライバルに勝つこともできます。いくら資金が多いライバルであっても、ほとんどの場合は商品数が多く、人員的にも資金的にもリソースが分散しているので、あなたは本書で学び、知識で相手に勝ち、リソースを注ぐ商品や対策を行う部分を絞ることで、少ない資源でも大きな相手に勝てるわけです。

つまり、**利益を生む商品を適切に見極め、その商品に集中的にリソースを注ぐことで、売上の大きなライバルに打ち勝つことも可能です。** どれほど資金力があるライバルでも、通常は商品数が多く、人材と資金のリソースが分散しています。そのため、本書でYahoo!ショッピングの販売知識を得て、それを駆使して、リソースを投じる商品や対策を絞り込むことで、資金や時間が限られている場合でも、大きなライバルに立ち向かうことができるのです。

１年で５倍の差がついたＥさんとＳさん

私はコンサルの仕事も行っていますが、希望者に対して、必ず審査を行います。受講者の人生そのものに影響を及ぼすため、私としても真剣に向き合える方かどうかを見させていただいております。審査内容は、「やる気があるかどうか？」、「最低限の資金や時間があるかどうか？」など、実際に取り組める環境にあるのかどうかを考慮します。

ある時、Ｓさんから「コンサルを受けたいです」というお問い合わせをいただきました。審査フォームを見ると、Ｓさんは本気で取り組みたいという意欲が伝わってきました。そこで、具体的な状況を把握するため、2022年の１月にZOOMで面談を行いました。Ｓさんは既に中国輸入ビジネスを本業としていたものの、Amazon、ヤフオク、メルカリなどのプラットフォームでの売上や利益が伸び悩んでおり、その一方で日々の業務に疲弊している様子でした。彼が努力している様子や、必死に取り組もうとしている姿勢を感じて、Ｓさんを指導させていただくこととなりました。

Ｓさんから、友人でありライバルのＥさんの存在をお聞きしました。友人のＥさんは、Ｓさんよりもやや長い間、中国輸入ビジネスを行っており、知識も豊富だったそうです。そして、真面目にコツコツと取り組む性格とのことでした。彼らは互いに「１年後には月商500万円を達成しよう！」と語り合っていたそうです。

指導を開始したＳさんは１年間、ビジネスに全力を注ぐことを決めました。既に結婚されていてお子さんもいらっしゃる状況だったため、１年間は奥さんの協力を得て、できるだけ多くの時間をビジネスに費やすことになりました。そして、私のアドバイスを素直に受け入れ、情熱的に行動されました。その結果、わずか８ヵ月後には月商300万円を、１年後には目標の月商500万円を達成しました。月利としても100万円以上を残せていましたのでＳさんの最初の目標は達成されました。

目標達成後、Ｓさんが友人のＥさんに報告したところ、Ｅさんは「おめでとう」と喜んでくれたそうです。しかし、かつて同じ売上規模だったＥさんの月商は150万円前後で１年前からほとんど上昇していなかったそうです。

その後、Ｅさんを面談させていただいた結果、彼が停滞している主な理由が３つ明らかになりました。

それは

- 重要ではないことに固執している
- 全部の作業を自分だけで行っている
- 量をこなす前に質ばかり重視している

という３点です。

まず１つ目の「重要ではないことに固執している」についてですが、これは特に物販ビジネスで成果が上がらない方々がよく陥る問題です。利益を出すためには、アクセスを集め、購入率を向上させ、顧客単価を上げることが重要です。しかし、多くの人は個人的にやりたいと思うことや、自分の価値観に合ったことに固執してしまい、ビジネスの成果に直接結びつかない行動に時間とエネルギーを浪費してしまいがちです。私自身もビジネスが停滞していた時期にはまさにこれに該当していました。

Ｅさんは直感で「これがいいと思う」という基準で商品を決めて、利益に直結しないようなタスクに時間を注いでいました。例えば、商品を梱包する袋はどのようなものにしようか？　や、ショップページのバナー画像を何ヵ月も悩むなど、利益に直接結びつかないことに力を注いでいました。もちろん、ウェブサイトのデザインにこだわることは悪いことではありません。

しかし、ビジネスでは無数のタスクがあり、優先順位が大事です。それぞれのタイミングでやるべき重要なことがありますので、優先順位をしっかり決めて成果に結びつく作業にリソースを注ぐことが大切です。努力をしているのに結果が出ないと感じる人ほど、重要ではないことに固執している傾向があります。

次に２つ目､「全部の作業を自分だけで行っている」という問題です。１つ目にも共通することですが、Ｅさんの現状は、やるべきことが山積みで時間が足りていない状態でした。それを解消するためには、一部の業務を外部委託することで、自身の時間を最も重要なタスクに集中することが重要です。

しかし､Ｅさんは外部委託に対する恐怖感を持っていました。彼は、「外部の人に仕事を教えるのは難しい」「外部の人に不正行為をされるのではないか」という不安を抱いていました。しかし、これらの不安は事実ではなく、彼自身が自分で作り上げた心の壁です。

実際には、外注さんを見つけて、仕事を任せるということは簡単です。例えば、仕事の依頼方法も自分のやっている作業を画面録画して説明文を加えて送るだけで、業務内容を理解してもらうことができます。外注化することで、自分の時間を有効に活用し、ビジネスの成長を加速させることができます。EC モール販売など物販はやるべきことが無数にありますので、全部を一人で抱えると忙しいけど儲からない状態になってしまいます。最初は全体像を把握するために一通り全部自分で行うことも大事ですが、作業を理解して自分以外が行ってもクオリティが変わらないことは積極的に外注化していくことをお勧めします。

３つ目は､「量をこなす前に質ばかり重視している」です。物販ビジネスの初期段階では、完璧を追求しようとすると、機会損失につながります。Ｅさんの場合も、商品ページを作る際も最初から完璧を求めて多くの時間を費やしていました。これは「量をこなす前に質を重視している」という状況です。

初期段階の物販ビジネスにおいては、多くの商品を限られた時間で試し、自分はどのような商品なら市場で勝負できるのかを探ることが重要です。そして、一定数の商品を経験することで成功するパターンと失敗するパターンを経験していくことができます。初期段階では、素早く商品を選んで販売し、どの商品がよく売れるのか、どんな商品ページがより良い結果をもたらすのかを見極めることが大切です。量をこなしてその中からチャンスを探り、これだ！　という商品や作業にリソースを注ぐことで限られたリソースを最大化することも可能です。

Ｅさんは適当にやっていたりラクをしようとしていたわけではなく、真剣に物販ビジネスに取り組んできました。しかし、主に上記の３つの要因により、ビジネスの成長が停滞してしまっていました。これはＥさんに限ったことではなく多くの人に共通する部分だったりもします。ですので、あなたがもし頑張っているのに思うような成果が出ていないという場合は、是非参考にしてください。

ビジネスは試行錯誤の連続です。うまくいかないことも数多く経験していくと思いますが、それはみんな同じです。上記のポイントを参考にしていただいて、あなたの物販ビジネスが次のステージへ進むためのきっかけとなることを願っています。

さあ、それでは次の章からはYahoo!ショッピング×中国輸入を始める準備をしていきます。ワクワクした気持ちで取り組んでいきましょう！

第３章

Yahoo! ショッピング × 中国輸入ビジネスの準備

Yahoo! ショッピング出店審査攻略法

LINE との統合など、今後さらに流通拡大が見込める Yahoo! ショッピングは Amazon、楽天市場についで流通規模がある日本３大EC モールの１つです。輸入ビジネスをやっている方は必ず押さえておくべき販路です。

しかし、Yahoo! ショッピング出店は審査制になっており、審査に通らないことには販売することができません。かつてはこの出店新作がネックとなっていた時期があり、Yahoo! ショッピングで販売したいけど出店審査に通らないという人も多くいらっしゃいました。

最近では、出店審査は緩くなっている傾向にあり、私にお問い合わせいただいた方も大半は出店審査に通っておりますが、注意しておくべき点もありますので、出店審査に落ちない為のポイントをお伝えしようと思います。

出店審査フォームに記載すべき項目は次の８つです。

Yahoo!ショッピング出典審査攻略法

【出店審査フォームに記載すべき項目8つ】

STEP 1 Yahoo!JAPAN ID
STEP 2 クレジットカード情報
STEP 3 会社情報
STEP 4 代表者情報
STEP 5 銀行口座情報
STEP 6 開業届け写し
STEP 7 住民税の状税証明書写し
STEP 8 出店予定商材情報

記入漏れに注意することで
合格率が飛躍的にアップします

個人事業主や副業の方でも出店は可能ですが、法人の場合は合格率が極端に高い傾向にあります。過去の生徒さんの例だと、個人での出店でもきっちり記入漏れしないように申請を進めることで合格率が飛躍的に向上しているので、記入漏れには気をつけましょう。

申請フォームは複雑ではありませんので、難しい項目等はありませんが、注意すべき点としては、提出書類と出店予定商材の項目です。

提出書類としては、

① 業務地住所記載の開業届、青色申告決算書もしくは賃貸借契約書のいずれか１つ

② 代表者様の運転免許証、運転経歴証明証、マイナンバーカードのいずれか１つ

となっております。

②はほとんどの方がすでにお持ちだと思いますが、①のいずれかは準備いただく必要があります。もし副業であってもYahoo!ショッピングに出店される方はビジネスとして物販に取り組み多くの利益を生み出すと覚悟を決めている方だと思いますので、開業届けを出してしまうのがお勧めです。会社員の方だと会社に副業がバレるのを恐れる方もいますが、開業届を提出するだけでは会社に副業開始がバレることはありません。会社にバレるとすれば、副業で所得が上がることで住民税が増加することにより会社に副業がバレる可能性があります。ですので、ご家族名義で出店される方もいらっしゃいます。

申請いただくと数日後に最終審査として、ヤフーからの電話確認がありますが、これに出なければ出店後もお客様からの電話対応ができないと判断されるため、審査は落ちてしまいます。申請後は数日間で良いので、なるべくすぐに電話に出られるように対策しておいてください。登録する電話番号は携帯電話の番号で構いません。

「出店予定商材情報」の項目では、古物（中古品)、アルコール酒類全般、医薬品、コンタクトレンズ、レンタル商材、役務・サービス商材、ブランド品などを扱う予定の場合、免許や情報提供が必要となります。これらの商材を記載する際は特別に注意が必要です。

それらを提出してしっかりと記入して申請していただいても高確率で出店審査に落ちてしまうケースがあります、それは、過去にYahoo! ショッピングやヤフオクなどのヤフー関連サービスでアカウント停止の経験がある場合です。また、クレジットカードの信用情報機関でブラックリストに登録されている方も審査に落ちる確率は非常に高くなります。その場合は、一度ビジネスとしての体制を整えて法人として再度申請されるか、ご家族が代表となり申請するのであればご本人ではないので審査落ちを回避できることもありますが、必ずしもそれで通るわけではないので、その点は、過去に信用を落とす行為があった場合は覚悟が必要です。以上がYahoo! ショッピングの出店審査攻略法と注意事項です。

中国輸入で避けるべき商品ジャンル

中国輸入を行う際には注意が必要な商品ジャンルもあります。商品選定における失敗は資金も時間も損失してしまうだけではなく、時にビジネス自体の運命を左右することもありますので注意しましょう。アカウント停止になったセラーが扱っていた商品や、私や受講生が過去に失敗したジャンルをいくつか紹介します。

・安全規制の難しい商品

レーザーポインター、幼児のおもちゃ、シートベルトキャンセラー、などは法律の規制が非常に厳しく、適当に販売してしまうと販売者に責任を求められたり、アカウントが停止してしまったりします。競合が少ないからという理由で軽い気持ちで扱ってしまうと取り返しがつかないことがありますので注意しましょう。

・ブランドのコピー商品

ブランドの偽造品や模倣品は商標権侵害など販売者が法的に追及される可能性もあります。よくあるコピー品だとヴィトンとそっくりな小物であったり、ティファニーとそっくりなアクセサリー、リファとそっくりな美顔器、アップルウォッチのバンドと全く同じデザインのバンドなどがあります。以前、アップルウォッチのバンドとそっくりな商品を扱っていた方が、肖像権侵害の申告を受けていたことがありました。多くの場合、いきなり裁判などにはならないですが仕入れた商品を即削除して破棄しなければならなくなりますし、輸入の時点で税関で破棄される事もあります。

・流行に左右されやすい商品

アパレル（トレンド）のように、一時的なブームによって売れる商品もリスクが高いです。発注して販売を開始する頃には流行りが終わっていて相場が崩壊しているなんてことはよくあります。アパレル以外にも過去の例で言うとプッシュポップや、流行りのアニメのコスプレなど、１年後に売れているかどうかわからない商品は注意しましょう。

・市場規模の大きすぎる商品

例えば、イヤホンのような製品は一見ものすごく売れていて魅力的に見えますが、これらは激戦区商品と呼ばれるもので、競争が非常に激しいです。競争が激しい商品は資金に余裕がありスキルの高いセラーが競合となります。挑んだもののSEOを上げることも値上げする事もできず､赤字販売のみで販売終了となってしまう方も多いので、競争が激しいジャンルへの挑戦は経験と実績を重ねて資金に余裕ができてからにしましょう。

パワーセラーほどリスク管理はしっかりとしており、初心者がチャンスと思った商品は危険が潜んでいることが多々ありますので、要注意が必要です。

Yahoo! ショッピング×中国輸入の全体像7ステップ

中国輸入商品でYahoo! ショッピング販売をこれからはじめるにあたって、無駄なくスムーズに進めるための全体像をご案内します。

まずは全体像を把握して、最短距離で進みましょう！

やるべきことは大きく分けて7ステップです。

① 商品リサーチ
② 仕入れ先リサーチ
③ 発注
④ 販売ページ作成
⑤ 倉庫納品
⑥ 販売
⑦ 継続と撤退

ステップ①：商品リサーチ

Yahoo! ショッピングで売れている商品を探す

リサーチに関しては３章と４章で詳しく解説しますが、最も重要なポイントは３つ、「売れる商品か」「利益が出る商品か」「ライバルに勝てるか」です。

実際に売れている商品を仕入れないと、売れる確率が低いので、まずは販売する販路で需要のある商品を仕入れることに徹底しましょう。そして、次のステップでもお話ししますが、1688というサイトで仕入れるので、価格を比較して利益が取れる商品かどうかを確認します。ここまではどの物販でも同じ手順だと思いますので理解されている方が多いです。

しかし、見落としがちなのが、「ライバルに勝てるか」どうかです。

SNSや広告では、リサーチのいらない物販や、他人に商品を任せて儲ける方法などが誘惑的に提示されますが、実際にはほとんどの人はそれらで稼ぐことはできません。

稼ぐための正しい商品の選定は、市場規模や競合分析を行い、競争相手に勝てる商品を選ぶことが重要です。ヤフーショッピングなどのECモールでは、検索順位の上位に表示されなければ売れないため、まず、ライバルに勝てる商品を選ぶことが求められます。

そのためには、ライバルと同等以上のアクセスや購買率を獲得する必要があります。つまりアクセスを集め、購買率を上げて、注文数を増やして検索順位を上げていかなければなりません。

ですので、初めは大きな市場に挑まず、初心者ライバルや評価の少ないライバルがいる商品を選ぶことが成功のポイントです。そうすることで、資金を無駄に使わずに進めることができます。

ステップ②：仕入れ先リサーチ

中国サイト 1688 で仕入れ先を探す

商品の販売候補が定まったら、次は仕入れ先（工場）を探す段階に移りましょう。

中国の主要な仕入れ先サイトは以下の３つです。

- タオバオ
- アリババ
- アリエクスプレス

アリババ（1688）は、他の２つと比べて「商品単価が安く、最低ロット数の設定が多い」のが特徴です。本書を読んでいる方々は本格的にYahoo! ショッピングなどの EC モールで販売することを前提としているため、仕入れ先としてアリババを利用することを推奨します。

選定した商品と同じものをアリババで探しましょう。仕入れ先のリサーチは画像検索で行うか、文字検索で行います。

ラクマートなどの代行業者のサイトで日本語検索を利用することも可能です。アリババのリサーチに慣れていない初心者の方は、この方法が向いているかもしれません。

ただし、全ての商品が日本語検索で見つかるわけではありません。検索しても違う商品が出てきたり、翻訳機能がうまく働かないこともあります。例えば、「イヤリング」と検索しても、結果が「ピアス」ばかりになることがあります。

出てこない場合は、複数のキーワードを用いて連想ゲームのように検索することで見つかることがあります。例えば、「ピアス　穴なし」や「イヤリング クリップ」と検索すれば、イヤリングの検索結果が出てきます。

検索の練習はアリエクスプレスのアプリで行うのも便利です。ビジネスど素人の私の妻も、アリエクスプレスでは、お目当の物を自分で見つけられるようになりました。

初めは、「検索しても出てこない！」「わけがわからん商品が出てくる！」と言っていましたが、すぐに慣れてきたようです。

アリエクスプレスでそのまま仕入れてはいけないのか、という質問を時折いただきますが、利益を得られるのであれば構いません。ただし、再発注時に大量に仕入れることを前提とすれば、最初からアリババで仕入れ先を見つけ、品質のテストを行っておくと、後々の手間が省けます。とはいえ、資金がほとんどなく、メルカリなどで販売するために商品を数個仕入れる場合は、アリエクスプレスが適しています。例えば、ピアスを１つ送料無料 100 円以下で仕入れることなどが可能です。

ステップ③：発注
代行業者経由で買い付けをする

売れる商品を見つけたら、実際に商品を発注しましょう。

まだ仕入れに慣れていない方や初心者さんは、初回はテスト発注とテストマーケティングとして小ロットで発注するのが良いです。

少なすぎてもテストにならないので、各商品 10 ～ 30 個ぐらいで初回発注するのがお勧めです。

中国からの仕入れにおいては、アリババ内に同じ商品を取り扱う工場が多数存在するため、各工場によって品質が異なります。市場規模が大きく丁寧に仕入れを行うときは複数の工場から同一商品を仕入れ、比較検討するというアプローチをとることもありますが、初期段階ではそこまでしていると時間がなくなりますし、資金的にもコストをあまりかけない方が良いので１つの工場からで大丈夫です。

最近ではアリババの品質もかなり向上しましたので、レビューや売れ行きなどをチェックしながら仕入れるようにしてください。

PC を見ながらいくら分析しても、実際に発売してみないとわからないことや、理解できないことも多くありますので、テストマーケティングとして実際に発売してみることは非常に大事ですし、初心者の方がリスクを減らすためにも１回目の発注は少なめにしましょう。

個人でアリババから商品を仕入れるには、さまざまな手続きが必要でリスクと時間がかかるので、輸入代行業者に依頼することで、時間と労力を軽減することができます。また、輸入時のトラブルも最小限に抑えることが可能となります。そのため、基本的には輸入代行業者を利用することを推奨します。

私が５年以上利用している信用できる代行業者さんはラクマートさんで、今回読書さんが利用しやすいように、特典を付けていただきました。特典リンクからお申し込みいただくと１ヵ月間代行手数料が無料となりますので、ご利用いただく場合は、こちらからお申し込みください。

ステップ④：販売ページ作成

新規で商品ページを作成する

商品発注が完了したら、次のステップは、画像外注さんなどに販売ページ用の画像制作を依頼し、商品名や商品説明文を作成し、商品ページを構築することです。Amazon では新規ページ作成に JAN コードが必要となりますが、Yahoo! ショッピングでは不要です。

販売ページは非常に重要な要素ですので、詳細は第６章で解説致します。販売ページに関しては、適当に画像を自作したり外部業者に丸投げしているだけでは良い結果を得ることは難しいです。

ステップ⑤：倉庫納品

YFF 倉庫に納品する

商品ページが完成したら、次は Yahoo! ショッピングが提携するヤマトの YFF 倉庫への納品を行います。商品を倉庫で識別するためのコードが印刷された「ラベル」を商品に貼付けるなどして、納品作業を行う必要があります。

この部分はやり方がわかればすぐにでも外注さんに依頼してしまうのがお勧めです。やるべき作業は沢山あるので、誰がやっても利益が変わらない作業ほど早めに外注さんに任せるようにしましょう。

なお、Amazon 販売に慣れてらっしゃる場合、中国の代行業者から直接 YFF 倉庫へ納品される方も多いです。直納する場合はコスト面やスピードの面でメリットがありますが、一気に納品してしまうので保管費用が高くなったり、商品をご自身や納品外注さんなどが確認することなく、お客様の手に渡るデメリットがあります。

私は一度納品担当の外注さんに中国から輸入して届けて、軽い検品をしていただき、適切な数を YFF へ納品していただくというプロセスをお勧めしておりますが、直納と外注さんにお任せするのはどちらもメリットとデメリットがありますので、取扱商品の品質や販売ショップの運営方針などで決めると良いです。

ステップ⑥：販売

Yahoo! ショッピングで商品を販売する

商品の準備と配送の手配が整ったら、いよいよ販売開始ですね。本書では Yahoo! ショッピング販売のためのノウハウを詳しく解説しています。

時間と資金は限られていますので、外注化を駆使しつつ、効率よくリソースを注ぎましょう。

ステップ⑦：継続と撤退

継続販売の改善と撤退の決断

販売が開始されたら、その後は商品の継続的な販売と改善、あるいは撤退を判断するステップに入ります。

売れ行きが良い商品で値上げした際に利益が取れる商品は継続的に販売し、さらなる売上向上を目指すためにページの改善やアクセス増の対策を行いつつ、再発注を行います。一方、いざ発売してみたものの、価格相場が崩れてしまったり、計画通りに SEO を上げることができない商品、利益が取れる見込みのない商品は撤退の判断を下し、次回の発注を見送ります。

商品を販売した後の改善、そして継続か撤退の決断、これらは Yahoo! ショッピングでの成功を目指すための重要なステップです。常に売れ筋商品と死に筋商品を見極め対策することにより最大の利益を追求していきましょう。

Yahoo!ショッピング×中国輸入の全体像7ステップ

【 効率的な中国商品販売: Yahoo!ショッピングでのステップ進行ガイド 】

売上を 10 倍に増やすビジネスの公式の使い方

商品を出品して売上を拡大したくても、思うようにいかずに、どこを改善すればもっと売れるようになるのかと悩まれることが必ずあると思います。

そんなときは、今からご紹介するビジネスの公式を適用することにより、商品ページ自体の売上やショップ全体の利益を向上させたい時に、具体的にどこを改善すべきかわかるようになります。

お客様に LINE 登録を勧めるショップは増えていますが、なんのために LINE に登録してもらうのか？販売画像を強化するとしても、なんのために販売画像にこだわるのか？

本質を理解せずに、裏技やテクニックを知っても継続して売ることはできないですし、効率良く伸ばすことができません。

今から紹介する公式はビジネスでは有名ですので、知っている方も多いかもしれませんが、ついつい忘れていたりすると思いますので、是非、自分のショップ運営に当てはめてください。

物販ビジネスの売上は、次の公式で表すことができます

売上 ＝ アクセス数 × 成約率 × 顧客単価

「アクセス数」はページに訪れた人々の数を、「成約率」は訪問者のうち何％が購入に至ったかを、「顧客単価」は一顧客あたりの平均支払額を指します。

ショップ全体の運営や個々の商品に対する取り組み、すべてはこの公式の各要素を高めることを目指すべきです。画像の品質向上、丁寧な顧客サービス、ショップページの見やすさの改善など、どんな施策でも、アクセス数、成約率、顧客単価のどこを上げるのかを意識することが必要です。

売上が高く維持できているセラーは必ず、データや統計を基にこれらの要素をチェックし、どこを上げるべきかを判断して、１％でも２％でも数値を向上させるよう努力しています。例えば「この商品は成約率が低くて３％なので、まずはこれを５％まで引き上げるために、販売ページの強化をしよう」といった具体的に取り組んでいるでしょう。

これはビジネス全般においても当てはまる考え方です。とても大事な部分ですので、今まで意識されてなかった場合は、しっかりと理解しておきましょう。

次に、具体例を見てみましょう。

（Aショップの場合）

月間アクセス数が2000、成約率が５％、顧客単価が平均1000円の

場合、売上は2000×５％×1000円＝10万円となります。

売上を２倍や３倍にすると言うと難しそうに思えますが、実際には公式に従って数値を分析すれば､それほど難しい課題ではありません。各要素を少しずつ改善するだけでも、売上は劇的に増えます。

Ａショップのそれぞれのパラメータを1.5倍に引き上げると、月間アクセス数が3000、成約率が7.5％、顧客単価が1500円となり、あっという間に３倍以上に跳ね上がります。

そんな簡単にいくかよ！　と思われる方もいらっしゃるかもしれませんが、こういった事例は多々ありますし、私も経験していることです。アクセスはSEOや広告により大幅に上がりますし、購買率は販売ページの訴求を強化すれば多くの場合上がります。販売ページが強化されてSEOが上がることで販売価格を値上げしても売りやすくなり値上げが可能となります。自信がないという方も、上げることは難しくないというイメージを持っていただければと思います。例えば、月商10万円は、適切なリサーチとページ作成により、１つの商品だけで達成可能な金額です。

１つの商品で月商10万円を達成した場合、同じレベルの商品を５つ用意すれば50万円という売上が見込めます。５つの新製品を１ヵ月で販売することは、本業が忙しい副業の方でも可能です。

2000×５％×1000円＝10万円だったとしても、５商品で10,000×５％×1000円＝月商50万円の売上です。

それらの商品に対してサムネイル画像の強化をして、キーワードを適切に設定し、広告費を投じるとしましょう。これにより、アクセス数が上がり、アクセスが平均で1.5倍に増えたら、15,000×５％×1000円＝月商75万円。

続いて、サブ画像のクオリティを上げ、商品説明文も詳細に作り込みます。これらの改善により、購買率が1.5倍の7.5%に増えるとします。これにより売上は15,000×7.5%×1000円=月商112万5000円となり、月商100万円を突破します。

最後に、顧客単価を上げるために、２個以上の注文で割引が適用されるクーポンを発行します。さらに、お店のファンになってもらうために、気持ちがこもったメッセージを商品に同梱します。これらの施策により、レビューも向上して顧客単価が1.2倍の1200円にできたとします。レビューが向上することにより、成約率も7.5%から８%に増加したとします。これにより売上は15,000×８%×1200円=月商144万円となります。これが10商品、20商品と増えればどうでしょうか？　売上を上げていくイメージは掴めたのではないでしょうか？

以上のようなアプローチで売上を上げていくことが可能です。各項目はさらに改善可能です。ビジネスは直感ではなくてデータを元に数字を伸ばす方法に取り組み、効率的に売上と利益を伸ばすものです。これらの考え方を用いて、伸ばせる部分を効率的に伸ばしていきましょう。

商品発売前に必要な３つの分析

商品を販売する前には、必ず次の３つのことを理解しておく必要があります。

- **商品**
- **競争相手（ライバル）**

・**顧客**

これらはビジネスの基本中の基本ですが、物販セラーの中には、これらの基本的な事をよく調べない人も少なくありません。

しかし、これら３つをしっかりと分析し、理解しておかなければ、商品を販売しても競争相手には勝てず、また、顧客からの支持も得られず、結果として儲かりません。

商品に関してはインターネットで調査できる範囲や、競争相手のウェブページから得られる知識程度は必ず把握しておきましょう。

競争相手について知ることはも非常に重要です。なぜなら、ECモールの販売は、競争相手とのシェア争いであるためです。つまり、どれだけ競争相手からシェアを奪取できるかが重要な要素となります。したがって、競争相手の強みと弱みを分析し、自社がどの部分で勝利を収めることができるかを調査し、その結果に基づいて商品を発売します。

最後に、顧客を理解すること。ターゲットとなる顧客をわかっていないと販売ページ作成に悪影響が出ます。販売ページについては、画像加工専門の外注さんに依頼するのがお勧めですが、丸投げしてしまうと上手くいきません。なぜなら、画像加工の専門家は、画像を加工するプロフェッショナルであっても、商品やマーケティングのプロではないからです。あなたの方が確実に詳しいはずです。したがって、あなたが「商品」、「競争相手」、「顧客」について具体的な知識を持ち、どのような画像を作成すべきか指示を出すと成功確率を大幅に上げることができます。最終的に優秀な従業員を雇うなどして人に任せても良いですが、なるべく自分で行うことをお勧めします。

「副業開始１年で会社辞めました！」中国輸入ビジネスで成功と自由を掴んだＮさん

Ｎさんは、副業開始から１年で20年間勤めた会社を辞め、中国輸入ビジネスで独立。Yahoo!ショッピングのみで月商500万円を超える物販経営者となりました。現在では、Yahoo!ショッピングの月商が1000万円を超え、楽天を合わせると月商2000万円となっております。Ｎさんは、時間、場所、人間関係といった全てが自分の意志で決められる生活を手に入れ、多くの大企業のエリート以上の収入を得ることができました。

彼に、１番幸せを感じていることは何ですか？　と質問したことがあったのですが、素敵な回答を聞くことができました。

「息子と遊ぶ時間が増え、家族で毎日一緒に食事ができるようになったことが１番幸せを感じています」と答えられました。

ビジネスでの成功や大きな利益よりも、自由な生活を手に入れ、家族との時間を得ることに幸せを感じていたのです。

ビジネス成功のイメージは高収入や名誉と考える人も少なくありません。しかし、私もこれまで数百人の経営者と関わってきた経験から言うと、収入が高いにも関わらず悩みを抱える人は多く、最悪のケースでは自ら命を絶ってしまう経営者もいます。数億円の資産を得てリタイアし、一見羨ましいと思われる生活をしている人でも、それぞれに悩みは存在していることは多いです。

Ｎさんが無意識に漏らした次の一言も印象的でした。

「子供が小さい時に今の生活ができていたら、もっと家族との思い出が沢山あったのにな」

これは、彼が多くの喜びを感じている中で、一瞬だけ感じた後悔だと思います。

過去の日々は戻ってきません。子供や両親と過ごす時間。定年退職後に好きなことをするつもりでも、その時にはもうできないこともあります。

過ぎた時間は取り戻せないですが、これからは変えていけます。Nさんも少し後悔はあったものの、これからの希望が大きいので毎日ワクワクしながら過ごされています。

あなたは新しいことに挑戦しているでしょうか？　ワクワクする日々を送っているでしょうか？　もし、不満を感じていたり、自由が制約されている生活を送っていれば、それを変えるためにビジネスに本気で取り組み、挑戦してみてください。

Nさんのように、人生が一新し、喜びの毎日を過ごすことができるよう願っています。

第４章

確実に利益を出す
「リサーチ」
基礎編

Yahoo! ショッピングで宝探しをしよう！

商品リサーチには２種類あります。

１つ目は、売れる商品を探すリサーチ
どんな商品を仕入れるのかを決めるリサーチです。
実際に販売する場所で探します。

２つ目は、仕入れ先を探すリサーチ
こちらは、取り扱うと決めた商品を中国サイトなどから仕入れ先を探す作業になります。

どちらも解説していきます。

まずは、売れる商品を探すリサーチですが、これから販売するYahoo! ショッピングで需要がある商品を探していきます。中国輸入商品を探します。Yahoo! ショッピングで販売されている多くの商品は中国輸入商品ですので、慣れてくると商品探しに困ることはありません。
まだ、中国商品があまりイメージできないという方は、実際にお客様の目線でサイト内を見てください。キーワードを入れて検索して、見ていると、すぐにいくつかの中国輸入商品や、中国輸入商品ばかりを扱うショップが見つかるはずです。それでもピンとこない場合は、ダイソーや、ロフト、ハンズのような店に行ってみるのもお勧めです。中国輸入商品が大量にありますので、こんな種類の商品を見ればいいんだなというのが理解できるようになります。

※本書の特典としてリサーチに役立つ中国輸入商品を探すためのキーワードなどもメルマガで配布しておりますので、ご活用ください。

中国輸入商品がどんなものかわかったら、仕入れる商品に絞っていくのですが、まだ実績がない時は必ず守っていただきたい１つのポイントがあります。

“売れ過ぎている商品を避ける”ことです。

基本的に、**競合の強さと市場規模は比例しますので、売れている商品ほどライバルが強くなります。**

Yahoo!ショッピングでは約８割のお客様がキーワードで検索して商品を買います。逆に言うと、検索した時に上位表示されてなければ売れないということになります。

SEOの章で詳しく解説しますが、競合ひしめく商品の場合、売っても売っても上位に表示されません。売れている商品ほど売れている数が多く、販売ページもこだわり、競合のレベルが高いからです。

例えば、月に100万円売れているような商品の場合、簡単に言えば、少なくとも月に100万円ぐらい売らないと上位表示されないわけです。

初心者の方や、まだ資金が潤沢ではない方が、いきなり、100万円販売するだけの在庫を積んで、他の販売ページなども上級者のレベルに持っていき戦いを挑むというのは現実的ではありませんし、リスクが高いです。

でも、例えば、月に５万円売れている市場であればどうでしょう？単価1000円で月に50個売ればトップさえ狙えるのです。

月に５万円しか売れないとしても、利益率が30％であれば、月に１万5000円の利益となります。そして、競合は弱いので、初心者の方であっても充分戦えます。売れることで検索上位を維持しやすくなり、継続して売れます。

検索上位にすることで、さらに売れる、売れるから検索上位が維持できる、販売ページも競合より良いから、購買率も高くなりSEOを維持できる。という好循環サイクルに入るのです。

「15000円の利益かよ～」と思われた方もいらっしゃるかもしれませんが、これが10商品あるだけで月に15万円の利益となります。季節商品等でなければ、売り切りではないので、基本的に翌月も同じぐらい売ることができます。

５万円売るというのは初心者の方でも難しくありませんし、月に10商品を発売するのも可能な範囲です。どうですか？ハードルとしては高くないはずです。

もちろん、途中でライバルが参入してきたり、だんだん売れなくなっていく商品もありますが、逆に３年経っても売れ続ける商品もあります。

フリマアプリやせどりとの違いとして、この積み上がるビジネスモデルを知った時に、僕はヤフーショッピングは儲かる！という魅力に取りつかれました。

「見つけた商品の推定売上」の計算方法

中国輸入商品をリスト化したら、いったいこの商品はどれぐらい売れているか？　を計算しましょう。受講生にはツールを開放していますが、手動で調べる方法もありますのでご安心ください。それは、レビューを見ることです。

まず、調査したい商品のページにアクセスし、そのレビューをチェックします。そして、レビューを“新着順”に並び替え、直近１ヵ月間のレビュー数を数えます。

そのレビュー数と商品の販売価格を用いて推定売上を計算します。具体的には、「レビュー数 × 15 × 販売価格 ＝ 推定売上」という計算式を使用します。

例えば、直近１ヵ月間のレビューが８件で、商品の販売価格が1000円だった場合、８件 × 15 × 1000円 ＝ 12万円となり、これが１ヵ月間の推定売上となります。

もちろん、セラーによっては、特別な施策を行いレビューを多く集めている場合もあり、商品によってレビューの取得率は変動します。

正確な数字はわからないですが、それで問題ありません。リサーチの時に知るべきなのは競合の正確な売上よりも、その商品の売上規模を知ることです。そのため、上記の計算方法でいくつかの競合の売上規模を知っておくことが大事です。

市場規模を把握し、それを参考に実際の上位ライバルの販売ページを確認して、商品選定を行うことで、より販売する商品の成功確率を上げることが可能となります。市場規模を知って挑む商品の目安にしましょう。まずは市場規模が小さい商品に挑戦して、徐々に需要の高い商品にチャレンジしていくのがベストです。

その商品ライバルに勝てますか？

リサーチを進めて発注する商品を選定していくのですが、その時に特に注意していただきたいことがあります。

それは、**ライバルに勝てるかどうか**です。

物販ビジネスでも他のビジネスでも、ただ商品を売るだけではなく、しっかりと利益を上げていくためには、ライバルとの競争が非常に重要です。

Yahoo! ショッピングではお客様の約８割が検索して商品を探して注文すると言われており、過去に Yahoo! ショッピングからも、そのようなデータを提示されていることがありました。お客様が検索した時のデフォルトの表示順は「おすすめ順」という項目になっており、多くの人はこの「おすすめ順」のまま商品を探して注文します。

つまり、あなたが発売している商品は「おすすめ順」の上位に表示させないと売れる可能性がほとんどないわけです。

これがヤフーショッピング攻略の重要な部分の１つで、「おすすめ順」の上位に表示させることができる商品を選定することが商品を売るためにも継続して利益を得るためにも重要な要素となります。

おすすめ順の上位にするには、多くの要素が影響を及ぼします。具体的な詳細は公開されていませんが、１つ確かなことは「商品スコア」という指標が存在することです。

このスコアが高い商品は「おすすめ順」で上位に表示されます。最もスコアに大きな影響を与える要素は、一定の期間内にどれだけ多くの人がその商品を購入したかです。つまり売れていないと「おすすめ順」の上位に出せないわけです。

注文件数だけではなくて、PR オプションという広告や、レビューなどいろんな要素も影響するのですが、ライバル商品と比べて売れていない場合、上位表示は難しいわけです。

これを聞いて、ピンときたかもしれませんが、これはつまり、すでに売れているライバル商品と少なくとも同等以上に売れていなければ、上位表示は期待できないということです。広告によって上位表示させることも可能ですが、広告をかけたからといって必ず上位表示されるわけではありませんし、利益率が著しく悪くなるリスクがあります。

新商品は、当然ながら売上がない状態から始まります。売れていないから上位表示されず、上位表示されないから売れない。この負のスパイラルを打破するには、何としても商品を売っていかないといけません。

「おすすめ順」の SEO を上げて上位表示させていく具体的な方法は6章のSEOの項目で解説しますので、まずは**「SEO 上位にするには、すでに売れているライバルと同等以上に売らないといけない」**ということを理解してください。

ですので、自分がその売上を確保するだけの在庫を仕入れるための資金があるのか、SEO 上位のライバルと戦えるほどの販売ページを作れるのか、総合的に見てお客様にライバルよりあなたの販売商品が選ばれる可能性があるのか、といった要素をよく考え、リサーチの時点で慎重に商品を選定して、発売を開始した商品はライバルと比較して対策を練る必要があります。

ライバルに勝てる要素があるか

ここが物凄く重要なポイントになります。先ほど説明したように、Yahoo! ショッピングでは検索順位が最重要で、上位表示させることが必須です。

つまり、SEOが重要であり、販売ページも重要となります。上位表示をさせた後に、お客様にライバルの中から選んでいただく必要があるからです。

お客様は、ライバルと比較して注文する商品を選びます。ですので、ライバルと比較した時に、あなたの商品を選ぶ理由を感じていただかなければ売れないということです。

「でも、自社もライバルも同じような商品なら、自社商品を買う要素なんてないんじゃないの？」と思われるかもしれませんが、そうではありません。

実際に、あなたもYahoo! ショッピングや楽天や、Amazonなどで商品を注文したことはあると思います。その時に、あなたも同じような商品の中から１つを選んでいます。

多くの場合「なんとなく」で選んでいることが多いのですが、人それぞれ何かしらの理由で選んでいます。主に以下のような理由が多いです。

- 画像を見て他より魅力的に感じたから
- レビューが高評価だったから
- 保証が安心できたから

- おまけが魅力的だったから
- クーポンがお得だったから
- 価格が安かったから
- 最初に出てきたから

など色んな理由があり、総合的に判断してお客様は注文する商品を選んでいます。ですので、なんらかの要素で競合より優っている部分をお客様に見せて選んでいただく必要があるということです。

レッドオーシャンを狙っても99%の人が失敗する理由

商品を売って継続的に利益を得ていくためには、検索結果の上位表示をさせなければなりません。そのためには競合に総合的に勝たなければならないです。具体的には、アクセスや購買率で競合に勝つ必要があります。

そうなると、いきなりレッドオーシャンに挑んでも、ライバルとのショップの資金力やスキルなどで負けてしまう要素があまりにも多く、まだ経験や実績があまりないショップは勝ち目がないのです。

例えば、レッドオーシャンで上位を維持しているようなトップセラーは、以下のような要素に徹底して対策していることが多いです。

- ページのクオリティ
- 検索順位（SEO）の徹底的な対策
- 外部からのアクセス流入
- ランキングからのアクセス流入

- 他の商品からの回遊
- 定期的なキャンペーン
- キーワード選定の徹底
- 数多くの広告
- リピーター獲得の施策
- メルマガ運用
- LINE 運用
- クーポン活用
- レビュー獲得対策
- 配送や梱包における施策
- カラバリの強化
- 実績に伴う販売スキルの構築
- 仕入れ商品の値下げ交渉

物凄く売れている市場においては上記のような対策が当たり前のように行われています。

例えば、“iPhone フィルム”という商品を Yahoo! ショッピングで検索してみてください。出品数は約 90 万件もあります。

その中でしっかり売れていて利益率も高いページは、おそらく 30 商品に満たないでしょう。経験のない人が、このような商品に手を出せば、ほとんどの場合失敗します。特に、大きな資金力がない人は、ほぼ確実に失敗します。

これらのレッドオーシャンなど需要が高い商品は、販売ページが良くて当たり前、ここまでやるか！というレベルの画像もチラホラあります。商品の品質も高くて当たり前。そこをクリアしたとしても、SEO をあげるのが非常に困難です。

基本的に SEO を上位にするためには、広告を使用するか、最初は「安い順」で上位に出すかのどちらかです。

しかし、競争が激しい商品ほど、広告費用が非常に高くなります。「安い順」で SEO を上げようとしても、同様に安値にして攻めてくるライバルが多く、上位表示は困難です。

つまり、「おすすめ順」の SEO が上がってくるまで、長い間、赤字で売り続けないと上位表示をさせることができません。

そして、さらなる難関として、レビューが低評価になってしまうと、売上が減速するというリスクも存在します。努力して赤字で SEO を上げたとしても、レビューが４以下になってしまうと、急に売れなくなったり、ロングヒットを狙うことができません。

しかし、売れているライバルは高評価のレビューを獲得している商品ばかりです。OEMで改良を行ったり、他の店舗よりも優れたサービスを提供していたり、大量発注で仕入れコストを下げていたりすることで優位に立っています。

ですので、まずは月に数万円とか月に10～20万円ぐらいの規模の商品を狙い、複数の商品をヒットさせて資金や実績が豊富になってきてからレッドオーシャンの商品に挑むことをお勧めします。

仮に月に10～20万円の市場の商品を狙ってヒットさせて利益を確保できないのであれば、月に100万円売れる市場でヒットさせて利益を得られるわけがありません。小さな成功を積み重ねることで、スキルが身につき、次第に大ヒットを出せる確率も上がります。

徐々にレベルを上げていくことが、近道ですので、その辺も考えて商材を選定していきましょう。

まずは、レッドオーシャンに飛び込むのではなく、上位表示されている競合のページのクオリティが低い商品や、レビューが少ない商品が混在している商品など、検索上位に表示されている商品をチェックしながら、穴場となる商品を探して、そこに挑みましょう。まずは、勝てる確率の高い相手に挑むことが大切です。自分が戦える需要レベルを把握するところから始めて、一歩一歩確実に進んでいきましょう。

ブルーオーシャンを探さない方が良い理由

先ほど解説したように、最初から高い需要の商品で戦っていくのは困難です。そこで多くの初心者の人が考えることが、「ブルーオーシャン」、つまり競争の少ない市場に挑もうとすることです。しかし、ブルーオーシャンはレッドオーシャン以上にお勧めしません。

なぜかというと、まず「ブルーオーシャン」を探すのに、ものすごく時間がかかります。通常のリサーチの何倍の時間もかけて、ライバル不在で売れる商品を見つけます。そして、ようやく見つけて売れたとしても、たちまち競合による模倣の対象となるのです。競合がほとんどいないという理由だけで売れた場合は、すぐに真似されて、その結果「ブルーオーシャン」はあっという間に終了となります。時間をかけて見つけても販売力や、あなたのショップに優位性がない限りはすぐに模倣されてしまうので、労力と見合わない結果となります。

そして「ブルーオーシャン」を探し続けていても、根本的な解決にはならず、永続的に「ブルーオーシャン」を探し続ける運営方法となります。根本的に稼げる運営方法に改善していくには、「ブルーオーシャン」を探すことではなくて、自分の今の実力に合った商品をしっかり選定して、販売ページを丁寧に作成して、SEOを適切に上げていくこと。それを行うことでスキルを上げていくことです。そして最終的には「レッドオーシャン」で勝てる実力を身につけていくことです。

実力を身につけることで、ほとんどの商品は利益を出せる商品に変えることが可能となります。多くの商品で利益を得られ、商品のリサーチも容易になります。その結果、売上や利益は確実に右肩上がりとなります。

つまり、ライバルが不在の商品を探すのではなくて、本書のノウハウを実行して、あなたのスキルを構築していき、ライバルがたくさん存在する市場でも勝てるようにしていくことが、あなたの継続的な成功への道と言えます。競合から逃げるのではなくて、最善を尽くして戦って上位の座を勝ち取っていきましょう。

１番を獲ることが最大のソリューションである

物販ビジネスで成功するということは、売上を上げるだけではなくて、利益を増やすことです。そのために必要なのは、発売する商品を、“ライバルに勝つ”ための戦略を明確に描くことです。「需要があり競合に勝てる可能性が高い商品を選定すること」が不可欠な要素となります。そして、発売する商品は１番を目指すようにしてください。１番の定義は、メインキーワードにおける、おすすめ順の検索順位で競合の中で１番上位になること、カテゴリ内のランキングにおいても競合の中で常に最上位に位置していることです。それを実現することで、競合の中でより多くの売上と利益を得ることが可能となり、売り続けることが可能となります。

Yahoo! ショッピング側が過去に出していたデータに基づくと、お客様が検索した後に、**１ページ目に掲載されている商品が全体の約70%のクリックを獲得し、上位 10 商品が全体の約 50%を獲得しています。**また、**１番上位に掲載されたページが約 15%のクリックを集めています。**

これは**検索順位を上位にすることが集客のキモであることと同時に、１位にすることで圧倒的な集客ができる**ということです。

逆にいうと検索した時の「おすすめ順」で１ページ目に入らなければ話になりませんし、上位 10 商品にならなければ上位争いはできないということです。

そして、「１番」になることで、あなたの商品はアクセス数という面で圧倒的に有利になります。売上の公式を思い出してほしいのですが、売上は、アクセス数、購買率、そして顧客単価の積で決まります。つまり、検索順位を１番にすることで競合にアクセス数で勝ち、勝利の確率をグンと上げることができます。

ですので、私がお勧めする戦略としては、**１番を狙える市場を選び、そこで圧倒的１番を獲る。**圧倒的１番を獲ることでほとんどの場合、販売価格も相場より高くできますし、アクセスも１番集めることができて、売り続けることができます。好循環のサイクルに入っていきます。利益が残しにくいと言われるECモール販売において、１番を獲ることにこだわり徹底することが、利益を大きく残しつつ売上を上げていくための最大のソリューションとなるのです。

これからのYahoo!ショッピングはこうなる！

売上の公式として【アクセス×購買率×顧客単価】を解説させていただきましたが、この公式の数字を最大限に上げていくための１つの重要な要素があります。

それは、「時流に合った商品」かどうかです。

【アクセス×購買率×顧客単価】に努力を注いで最大限に成果を出していくには、時流に合った商品かどうかが大事になっていきます。どの商品を扱うかで努力に対しての結果が大幅に変わっていきます。

これは今後のYahoo!ショッピングも見据えてお伝えしている重要なこととなります。今後、Yahoo!ショッピングは参入者が増えていくはずです。参入者が増えても、上位層はあまり変わらないもので、どこに変化が出るかというと、初心者層が増えるわけです。そうなると、誰でも思いつくような商品や、直感的にこんな商品販売したいな、という商品は販売者が溢れて、売れないセラーが増えて供給過多となり販売価格の相場も下がる傾向があり、稼ぎにくくなります。ですので、どの商品を扱うかという部分がとても重要になっていきます。

どの商品であっても【アクセス×購買率×顧客単価】は基本であり、この公式の数字を意識して施策していくことが大事なのですが、商品次第で同じ努力量でも結果が物凄く変わります。同じ努力、同じ時間、同じ資金をかけても、結果が大きく変わるのです。

ライバルに勝てる可能性がある商品に挑むことは今もこれからも変わらないのですが、商品には「当たりの商品」「ハズレの商品」があることを知っておいてください。

数商品を同時期に発売するとよくわかるのですが、同じように力を込めて、同じ時期に同じように発売しても、なかなか売れていかない商品と、簡単に売れていく商品があります。

古くから参入者が多い商品だと新規参入者は難易度が上がる傾向にあります。例えば５年前から商品自体が変わらず、ずっと売れ続けている商品というのは新規参入者が多いだけでなく、古くから販売しているページがレビューも数千件に溜まっていたり、販売ページも何回も改善されてレベルの高い状態になっていたり、新規参入者には難しくなります。

一方、数年前にはなかったような商品だと、競合の上位であってもレビューが少なかったり、販売ページもブラッシュアップされていないので、初心者の方でも比較的簡単に上位に食い込ませることが可能です。

ここを意識できていると、より効率的に「おいしい商品」にリソースを注げるようになります。同じ実力で同じぐらいの労働時間であっても、売上300万円の人と600万円の人がいたりするのですが、要因としてはこういった部分が大きいです。

実力が同じであっても、どこにリソースを注ぐのかで結果は大きく変わります。より効率的に、限られた資金を最大化するために、稼ぎやすい商品なのかどうかを意識して商品選定していきましょう。

1688（アリババ）で仕入れ先を探す方法

いざ、扱いたい商品が決まったら、1688（アリババ）という中国のサイトで仕入れ先を探します。

仕入れ先を探して、利益が出るかどうかを確認しながら選定していきます。

基本的に、Yahoo! ショッピングで売れている中国商品のほぼ全ては 1688 で見つかります。

私が副業で中国輸入をスタートしたときは、1688 で仕入れ先を探すのがとても大変で１商品で２時間以上かけていた時もありますが、現在は状況が一変しました。

現在、初心者の方であってもそんなに時間がかかる人はいません。慣れるとほとんどの場合、１商品あたり数分で見つかります。

これは、画像検索や検索システムの機能が大幅に改善されたためで、仕入れ先を簡単に見つけることが可能になりました。

具体的な探し方は大きく分けて２つあります。

１つ目は画像検索、２つ目は翻訳検索です。

仕入れたい商品が決まったら、ヤフーショッピングやメルカリなどでその商品を掲載している、あまり売れていないページを見つけます。

この「売れていないページ」を見つける理由は、売れていないページほど商品画像に時間や労力をかけず、1688 のサイトから直接画像を取得してそのまま使用しているケースが多いからです。

Yahoo! ショッピングで「売れていないページ」を探すときは「おすすめ順」の検索結果の下のページにいけばいくほど見つかりますので、下の方へスクロールしてください。もしくは「安い順」で検索しても見つけやすいです。

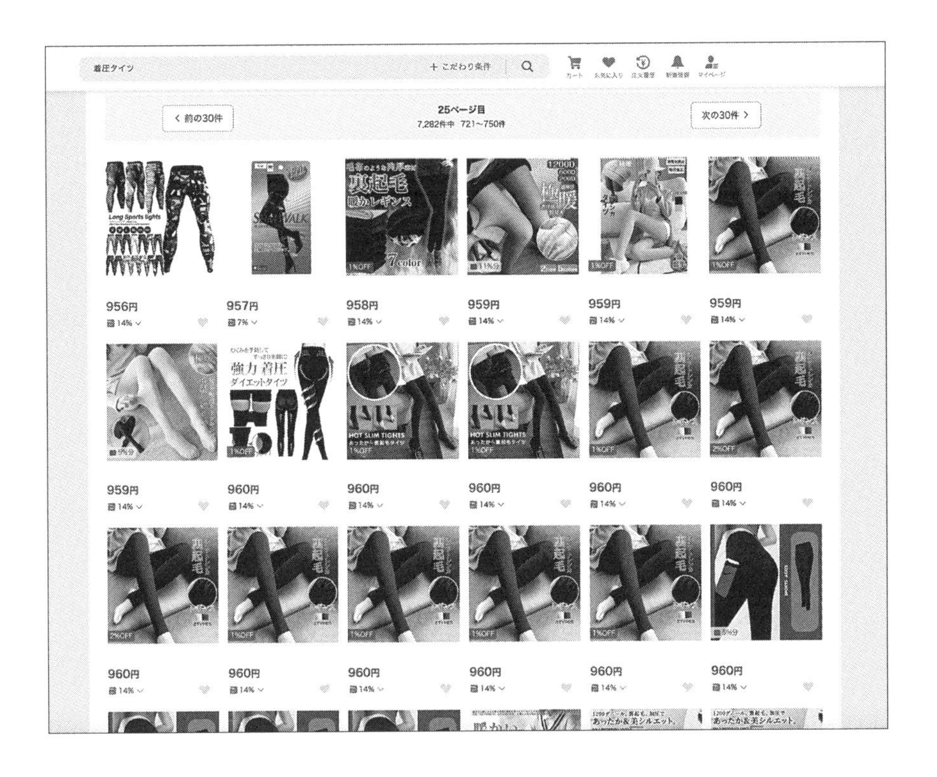

画像検索のコツは、中国人、韓国人、欧米人などのモデルが写っている画像、または文字があまり入っていない画像を見つけることです。そのような画像がサムネイル画像やサブ画像として存在する場合、画像を保存するかスクリーンショットを撮っておきましょう。

それを用いて1688で画像検索を行います。これにより、仕入れ先を比較的簡単に見つけることができます。

画像検索は1688の検索窓の右にあるカメラのマークをクリックして、先ほど保存した画像を選択すればできます。

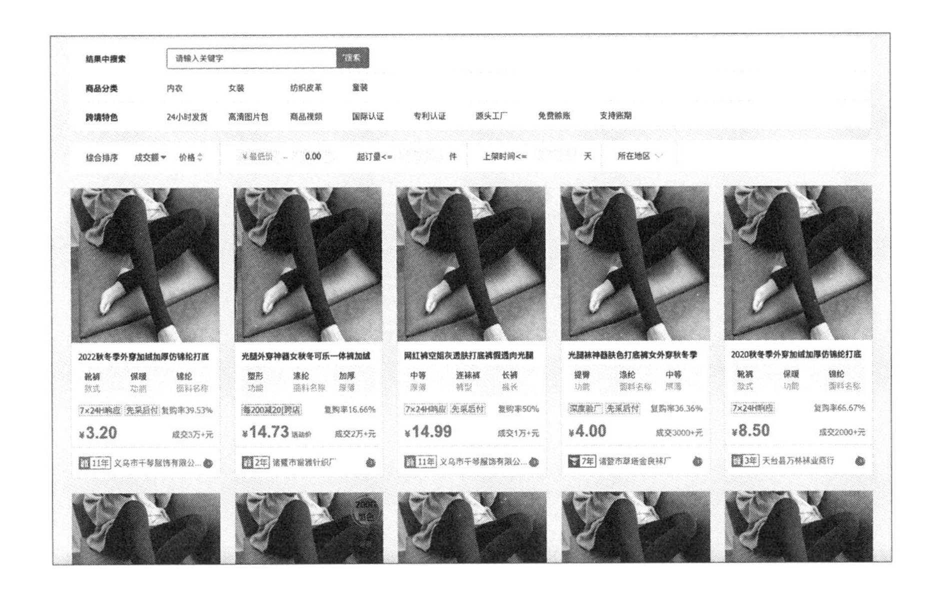

なお、この1688を利用した商品のリサーチ作業は、一部の代行業者はサービスとして提供している場合もあります。この作業が苦手な方や他の作業に集中したい方は、そのような代行業者に依頼するのも良いです。また、クラウドソーシングサイトを利用して外注さんを募集すると、一般の方や中国人留学生などが応募してくれて、低価格で作業を行ってくれることがあります。慣れてきたら、他人に任せてしまうことも可能です。まずは、何回か自分でやってみるのが大切ですので、そこはおろそかにしないようにしてください。

ライバルを分析する

繰り返しになりますが、**リサーチで大事なのは「どれだけ売れているか？」ではありません。**

初心者の方は、とにかく売上が高い商品を探しをしてしまうのですが、儲けるためのリサーチのコツは

売れていてライバルに勝てる商品

を選ぶことに尽きます。

復習を兼ねてお伝えしますが、物販、特にモール販売というのはライバルからいかにシェアを奪えるか、どれだけシェアを取れるのかの戦いです。ライバルに勝てなければなかなか儲からないのです。

ライバルに勝つというのは具体的にどういうことかというと、「アクセス数」と「購買率」で勝ちましょうということになります。

つまり、メインキーワードで検索した時のおすすめ順の検索順位と＋αとして広告を使いライバルにアクセス数で勝ちにいく（可能であれば複数のキーワードで最上位にする）。

そして、ページのクオリティを高めて購買率を上げていく。

販売ページに関しては、Yahoo!ショッピングに出店しているほとんどのショップがまだまだクオリティは低いです。ちゃんと本書の手順に則って丁寧にページを作っていけば、あなたが初心者であっても数ヵ月後には多くのライバルに勝っていけると断言しておきます。

開始数ヵ月の方であっても、一般セラーより圧倒的に優れた売れる販売ページを作れますし、大手企業のページよりも優れた販売画像を作ることさえできます。

アクセスと購買率でライバルに勝たなければ稼いでいくのが難しいわけなので「ライバル調査」がとても重要になります。多くのセラーは、ライバルをきちんと調べていません。調べてるつもりになっていても、自己満足レベルの方が多いです。

目安としては、競合となるライバルページを10ページぐらいは詳細をメモしておきましょう。

あなたがこれから扱おうとしている商品のメインキーワードで検索していただき、おすすめ順の上位に出てくるページの中で、類似商品でお客様が購入する際に選択肢として入るであろう商品は全てライバルと捉えてください。ライバルの中から検索順位が高いページ、レビューが多いページなど10ページ程度をメモします。

基本的にはあなたの商品と類似品で価格帯が近い商品はライバルと思ってください。ライバルを仮定できたら、次の項目をスクショやテキストでメモしておきます。

- URL
- トップ画像
- 商品名
- 予想売上
- そのページの強みと思われる部分
- ストア情報（ストアレビューや優良店の有無など）

（メモ例）

サムネ周りスクショ	URL	ショップ情報	レビュー数/直近1ヶ月	レビュー数/3ヶ月平均	予想販売数	予想売上	予想利益
骨伝導イヤホン 【クーポンで1880円★9/18まで】骨伝導イヤホン ワイヤレスイヤホン Bluetooth 5.3… 1%OFF価格 1,660円 送料無料 14% (1,146件) ポイントアップ対象	https://store.shopping.yahoo.c sc_i=shp_pc_search_itemlist_shsrg_img	https://store.shopping.yahoo.c p=&X=4#CentSrchFilter1	260件/月	340件/月	3,400件/月	4,692,000円/月	1,173,000円/月

エクセルやEvernoteなどのウェブノートなどにメモしておきます。慣れれば１商品あたり１～２分あればメモできます。この作業は外注さんやスタッフに任せてしまうのもお勧めです。リサーチ全体を丸投げするのはお勧めしませんが、こういった作業は自分じゃなくてもクオリティが変わらないので、慣れてきたらお任せしましょう。ただ、最初は一通りの作業を自分でやってみるのが大事です。

人に任せるようになっても、データ自体の最終分析は自分でやることをお勧めします。それぐらいライバルの分析は大事ですし、ライバルを知らないと戦略を立てられません。

商品リストを買う人はカモにされている

まず、基本として必ず覚えておいていただきたいのが、販売されていたりSNS等で配布されている「儲かる商品リスト」みたいなものに頼らないということ。

投資で稼いでいる人が「儲かる投資先リスト」などというものに頼

らないように、物販で稼いでいる人も「儲かる商品リスト」のようなものには頼りません。

誰もが稼げる商品なんて存在していませんし、重要なのは売れている商品かどうかよりも、あなたが頑張ればその市場で上位を獲れる商品かどうか？　です。

リサーチをしてライバルの情報をメモしたら、特に注目していただきたいのが売上規模です。基本的には市場規模が大きいほど売れますがライバルが強いです。かといって市場規模が小さすぎると売れないわけです。

ではどれぐらいの市場規模を狙うべきか？　なのですが、2019年から初心者の方を中心に指導してきた私のお勧めは「１番売れているライバルの月の売上が10～20万円前後の商品」になります。

もちろん前後しても大丈夫ですが、たくさんの初心者の方に指導してきて実際のデータとして、初心者の方が頑張ればギリギリ勝てる市場規模が10～20万円前後の市場が多かったからです。

数年前であれば30万円ぐらいの市場規模でも割と弱い市場が多かったのですが、最近ではYahoo!ショッピングにも中級者が増えたこと、私の受講生さんが30～100万円ぐらいの市場規模で数多く活躍されていることから、30万円以上はやや競争が激しくなってきています。

もちろん無理ではないですが、まずは10～20万円前後の市場規模を狙っていただき、その市場規模で競合に勝ち、徐々に市場規模を上げていただくのがスムーズです。逆に月10～20万円ぐらいの市場規模でうまくいかなかった場合は、市場規模を落とす。そうやって調整していくと、あなたに適した、あなたが稼げる市場規模の範囲がわかっていきます。

Yahoo! ショッピングで成功するための販売価格

Yahoo! ショッピングの販売では、他のECモールと同様、各種手数料や配送料が発生します。手数料自体は無料ですが、決済手数料であったりキャンペーンにかかる費用などで約10%前後かかることが多いです。また、Yahoo! ショッピングの配送サービスであるヤマトフルフィルメントの配送料はサイズによって異なりますが、例えば現時点のネコポスの最安価格は230円となっています。※最新の費用については、Yahoo! ショッピングの公式サイトでご確認ください。

例として、販売価格が680円の商品を販売するとして、販売にかかる手数料10%と配送料230円を引くと、手元に残る金額は382円となります。次に、広告費と商品原価を引きます。広告費を販売価格の10%、つまり68円と仮定すると残りは314円となります。さらに、商品原価が中国商品で安かったとして150円で仮定したとしても、残る利益は164円となります。

しかし、この計算には人件費や梱包材の費用、返品や倉庫輸送のコストなどは含まれていません。これらを考慮すると、最終利益は100円以下になると思います。仮に100円が残ったとしても、販売価格680円に対しての利益率は15%以下となり、キャッシュフローは非常に厳しくなります。

このため、商品選定の際は、販売価格が1000円前後、可能であればそれ以上で売れる商品を選ぶことを推奨します。今後、配送コストが上昇する可能性や広告費の増加傾向を考慮すると、平均単価は上げていく必要があります。現状のYahoo! ショッピングでは低価格商品が多く見受けられますが、それでは将来的に利益が出にくくなる可能性が高いです。特に現在、平均単価が1000円以下の低価格帯の商品を多く取り扱っている場合には注意が必要です。

「あなたを書類送検します」

2023年6月にこんなニュースがありました。

> **「エヴァ」「鬼滅」偽コスプレ衣装販売疑い、男性書類送検**
>
> **エヴァンゲリオンに登場するキャラクターのコスプレ衣装一式を偽物と知りながら2万7500円で販売したほか、鬼滅の刃やアニメ「東京リベンジャーズ」の偽物のコスプレ衣装40着を販売目的で所持し、商標権を侵害する行為とみなされる行為をしたとしている。**
>
> （神奈川新聞引用）

中国輸入ビジネスをやっている方、特にメルカリなどで販売する方は、秋になるとコスプレ衣装を売りたいですよね。わかります。僕もメルカリ時代売ってましたから。

でも、中級者以上にはコスプレ衣装はお勧めはしないです。積み上がらないことや、リスクのあることは中級者以上はやるべきじゃないと思います。

コスプレの売上が積み上がっても書類送検されたり逮捕されたり

するリスクが付きまといます。そして、季節商品なので11月になくなる売上です。根本的な売上アップには繋がりません。売れても、あくまでボーナス売上アップです。Yahoo!ショッピングでも楽天もAmazonでも商標権侵害でアカウント停止の可能性もあります。

毎年流行を追って、労働集約型に近いですし、リスクの面でも精神的にも安定度は上がらないです。初心者の方に関しては、目の前の売上を上げたい気持ちはわかるので、どうしても扱う場合は注意して扱ってください。中級者以上は安定度を上げていく方が良いので、1年後も2年後も売れる商品を扱って、積み上げていくことがお勧めです。

突然、警察に「あなたを書類送検します」なんて言われたら、家族に合わせる顔がないですよね。

第５章

効率良く商品を探す「リサーチ」実践編

キーワード検索で商品を探す方法

中国輸入商品をリサーチで探す際には、まず思いつく商品を何でも良いので検索してみてください。中国輸入商品のイメージがつかない場合は、100円ショップのダイソーやセリア、LOFT、ハンズ、Francfranc（フランフラン）などの店舗で売られている商品を思い浮かべてみてください。リサーチに行き詰まった時や、何か旬な商品を知りたい時は、直接店舗に行って商品を観察することもお勧めします。

例として、「ヨガマット」をキーワード検索してみます。

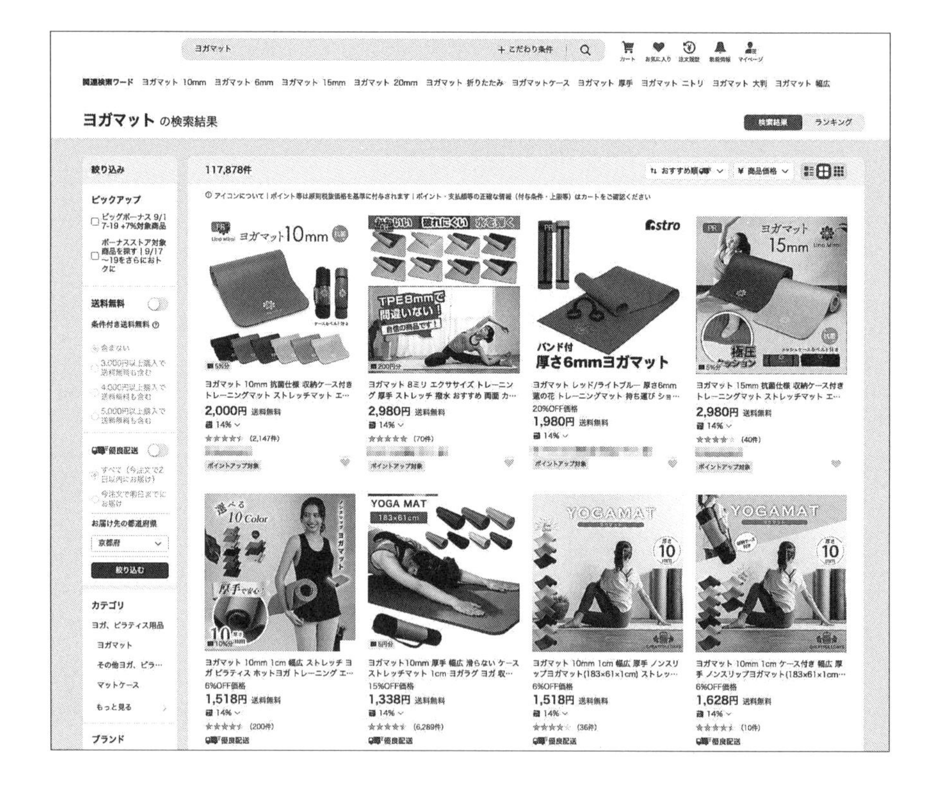

すると、複数のショップページが表示されます。価格帯が3000円以下の商品の多くは中国輸入商品です。そして、それらのページをクリックして、ショップの中に入り商品一覧を見てみましょう。「売れている順」に並び替えると見やすいです。

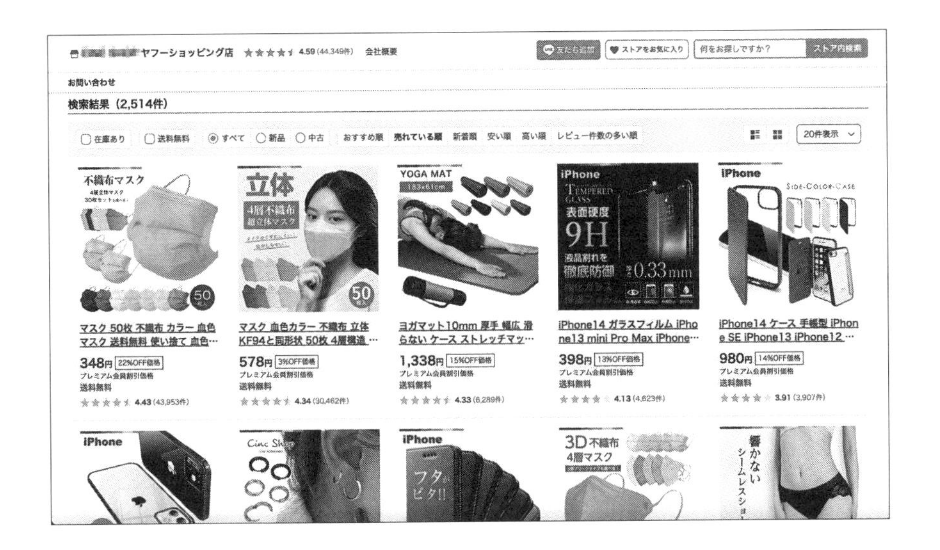

中国から輸入されたと思われる商品が多数表示されるはずです。そのようなショップが見つかったら、お気に入りに登録するか、エクセルなどでメモしておきましょう。ここで作業を終えるのはもったいないので、継続して作業を続けます。

「ヨガマット」で検索し表示されたページに戻り、同様の手順で他の中国輸入ショップを見つけてストックしていきます。いくつかリスト化できたら、次は、リスト化したショップページを開いて、商品一覧から違う商品を見てみましょう。

商品一覧から気になる商品をピックアップして、その商品のメインキーワードで検索しましょう。再度多くの商品ページが表示されるので、同様の手順で繰り返していきます。

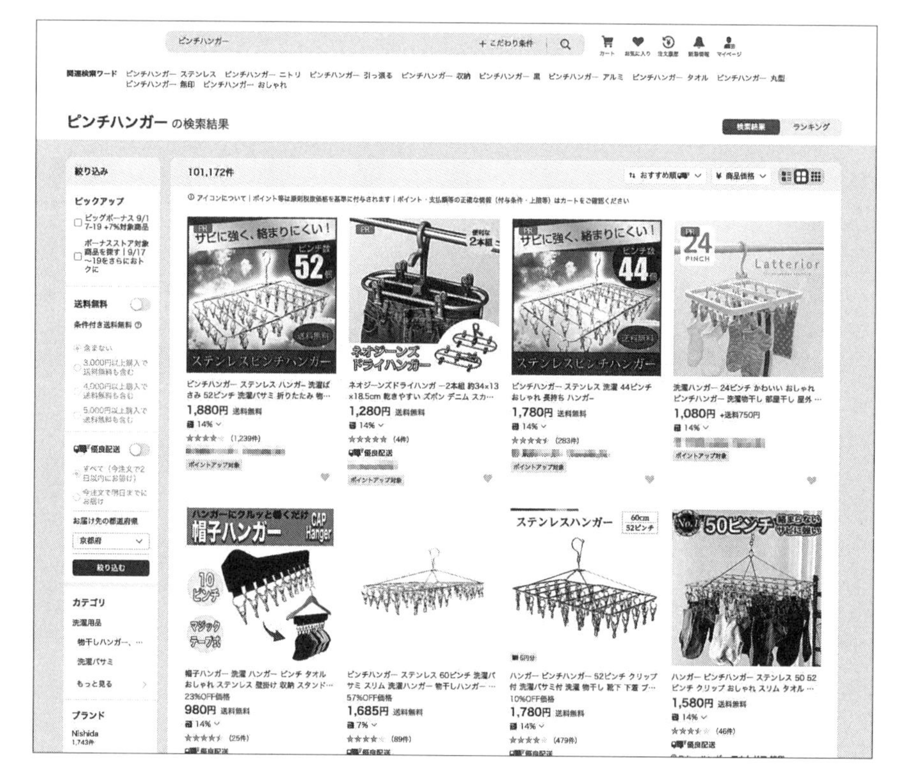

この作業を繰り返すことで、中国輸入ショップと商品を半永久的に探し続けることができます。この方法であれば、毎回新しい中国輸入商品を思いつく必要はありません。また、すでにYahoo! ショッピングで売れている商品がわかるため、商品リサーチとして最適な方法と言えます。

ちなみにですが、1番上の列のPRと表記があるものはアイテムマッチという広告で表示されている商品になりますので、オーガニックのSEO上位商品はPR以下の商品となります。ただ、広告に出されている商品は大抵、勝算があって出されているものが多く、自分が広告に出す際の参考材料にもなるので、ライバル調査ではそれらのライバルも把握しておくのが良いです。

ショップストックをして資産を貯める

Yahoo! ショッピングのリサーチでは、単に商品を見つけるだけではなく、販売ショップを“ストック”して資産を積み上げるという視点も重要です。中国輸入商品を扱っているショップを見つけたら、そのページをお気に入りに追加するか、エクセルやウェブのメモアプリなどに保存します。

リスト化された販売ショップは、あなたの“情報資産”となり、今後、リサーチの時間を大幅に短縮することも可能になるります。リスト化したショップは、中国輸入商品を扱っているショップであるため、以前調べたショップであっても定期的に調査するとより効率的です。

新商品が登場するたびに新しいリサーチのチャンスがあるということです。ですので、過去に調べたショップであっても、一度調べて終わりではなく、継続的に更新し続けることで、常に新しい商品情報を手に入れることが可能となります。

ただ、法律や規制があるわけではないですが、同じショップからいくつも執拗に商品をリサーチして発売する行為は相手からすると嫌な行為ですので、個人的には同じショップからは限度を決めて、複数のショップからまんべんなくリサーチするのがお勧めです。心配しなくても、中国輸入商品を扱うショップは探しても探しても全部見つけることができないほどに溢れていますので、リサーチに困ることはないはずです。

リサーチにおける３つの重要なポイント

リサーチを成功させるために重要な３つのポイントがあります。

1. 上位の競合ページの売上規模を調べる

2. 自分の規模に見合った売上規模の商品を選ぶ

3. キーワードで「安い順」の上位価格をチェックする

これらをしっかりと意識して実践することで失敗の確率を大幅に減らしていくことができます。とても重要なことですので、解説します。

【上位の競合ページの売上規模を調べる】

商品を販売して成功させるためには、自分の取り扱う商品のライバルページがどの程度の売上なのかを把握しておくことが重要です。上位の販売ページの販売数をチェックしましょう。ここに関してはすでにご説明しましたが、リサーチツールを使用してまとめて売上を把握することもできますが、ツールなしでも可能です。ライバルページの直近１ヵ月のレビューを確認すれば、売上予測が可能です。レビューの取得率は施策や商品によって異なるので一概には言えませんが、通常15人に１人ぐらいが商品レビューを入れる傾向にあります。ただし、レビュー取得の対策をしているショップの場合、5～10件に１件ぐらいの割合でレビューを取得できている商品も存在しますので、売上は少なめに見積もって１レビューで10件ぐらいで見積もっておいても構いません。

直近１ヵ月で10件のレビューが入っている場合、100～150注文が入っていると考えてください。少なく見積もって100件だと仮定すると、1200円で販売されている商品なら、1200円×100注文で月商12万円の商品と予測できます。

同じように、これをメインキーワードで上位に出てくる類似品を販売するライバル10ページぐらい調べていきます。慣れてくるとこの作業は誰でもできる作業ですので、外注さんや手伝ってくれるご家族などがいる場合はお任せすると良いです。

【自分の規模に見合った売上規模の商品を選ぶ】

売上の規模感を調べたら、あなたの実績に合わせて、適切な市場規模の商品を選択することが重要です。ポイントとしては、ある程度は売れている商品で、ライバルの競争力が弱い商品を選ぶことです。上位のライバルのストアを見た時に、ストア評価が少なかったり、優良ストアを取得していないショップがあったりするとチャンスは広がります。ただ、最初の10商品発売するぐらいまでは、どの程度の市場規模で通用するかがわからないはずなので、まずは需要規模が高すぎない商品を10商品程度取り扱ってみることをお勧めします。

【キーワードで「安い順」の上位価格をチェックする】

適切な商品を選んだ後でも、まだやっておくべき重要な作業があります。それはアクセスを集める手段があるかどうかです。商品はアクセスを集めることができなければ絶対に売れません。つまり、アクセスを集めることができる術があるかどうかを見極めることはとても重要です。SEOの上げ方に関しては、第７章「お客様の８割を集めるための「SEO」対策」で詳しく解説しますが、新商品は「おすすめ順」の上位に表示させるのが難しいため、まずは「安い順」で上位に出すことが新作のアクセスを増やす鉄板の方法となります。「安い順」で上位表示させるためには、まずは、ライバルより低価格で商品を発売しなければなりません。ですので、現状ライバルが「安い順」（送料無料）でどの程度の価格で販売しているかを調査し、その価格帯であなたが商品を発売できるかどうかを検討しておく必要があります。資金などを考慮して決めましょう。「安い順」で上位表示させるだけなら、ひたすら価格を下げれば上位表示させることが可能ですが、仕入れ価格よりも価格を下げなければならない場合、赤字価格となりますので、商品が売れて軌道に乗るまで赤字で耐えることができるのか？資金や精神的な部分で可能かどうかを見極める必要があります。

仕入れ価格以上で上位表示が可能なものもあり、一部は赤字でなければ上位表示が難しいものもあります。さらに、赤字と言っても商品ごとに30円の赤字なのか300円の赤字なのかという違いが生まれます。

したがって、商品を発注する前に、「安い順」での上位表示に必要な価格と収支をきちんと把握しましょう。「安い順」で上位表示させて注文数が増えてくると、「おすすめ順」での上位表示に繋がりますので、その段階で販売価格を上げることが可能となっていきます。

SEOについては、様々な要素によって決まります。しかし、注文件数が増加しない限り、上位表示は難しいと言えます。したがって、ライバルがどれだけ売れているのかを把握しておくことで、自分がどの程度売れば上位表示を達成できるかもおおよそ推定できます。

したがって、先に述べた「上位の競合ページの売上規模を調べる」や「自分の規模に見合った売上規模の商品を選ぶ」も含めて、リサーチでとても大切な要素となりますので、発注前に必ず把握しておきましょう。

1688で商品の仕入れ先を探そう

アリババ（1688）でのリサーチ方法には主に、キーワード検索と画像検索の２つが有効です。

1.【キーワード検索】

Yahoo!ショッピングやAmazonで仕入れる商品タイトルに含まれる単語をGoogle翻訳などで中国語に変換し、アリババで検索します。すぐに商品が出てくることもありますが、単語のニュアンスの違いにより、全ての商品がこの商品で見つかるわけではありません。

2.【画像検索】

画像検索は、中国語への翻訳は必要なく、高確率で該当商品を見つけることが可能ですのでお勧めです。画像検索は、すでにご説明したようにアリババの検索枠の右側にあるカメラのマークをクリックして、画像をアップロードすることにより可能となります。この時に、アップロードする画像はアリババで販売されている画像が理想的ですので、Yahoo!ショッピングやAmazonで該当の商品ページをいくつか見てまわり、加工があまりされていない画像を保存しておくとスムーズに見つけることが可能です。

1688で仕入れ先を決めよう

1688（アリババ）では、同じ見た目で同じ機能の商品が、何十店舗ものショップで扱われていることがほとんどです。そして、それぞれ販売している工場（ショップ）によって品質の差があることが多いです。仕入れ先を間違うと、不良品率が高かったり、注文したものと異なる商品が送られてくることさえあります。以下を参照して優良なショップの評価を判断してください。

【営業年数】あくまで目安にはなりますが、長いほど信用性が高まります。長ければ良いというわけではないですが、１年の店舗よりは３年以上の店舗の方が信用度は高いのでお勧めです。

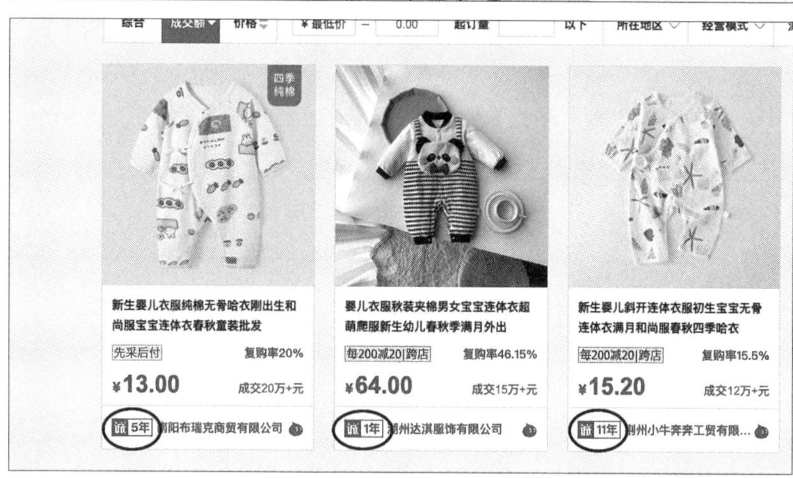

【直近 90 日間の取引実績】販売実績が多いほど当然ながら取引件数も多いので安心材料の１つとなります。

【リピート率】店舗名のところにカーソルを持っていくと様々な評価が表示されるのですが、リピート率は特に重要です。満足度が高いからこそリピート率が高くなります。あくまで目安ですが 30％以上を指標にしてください。

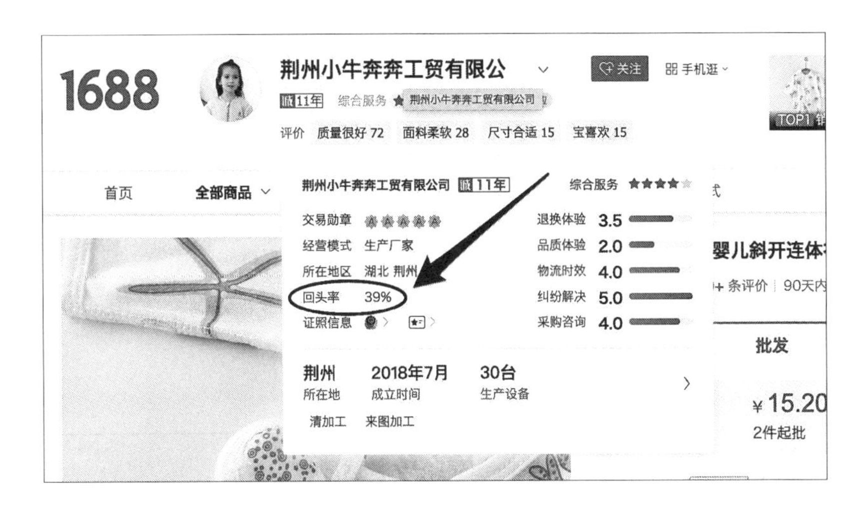

【商品レビュー】ページを少し下にスクロールして「买家评价」タブをクリックすると商品レビューを閲覧することができるので、目安にしましょう。

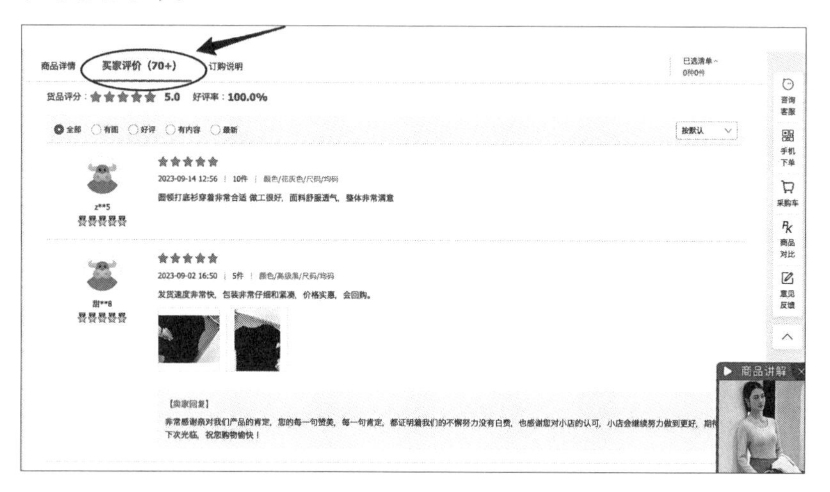

注文数にも注目です。初回にいきなり大量の注文を入れる可能性は低いので、大量の注文数が入っている場合、初回の注文時に商品に満足して追加発注している可能性が高いです。

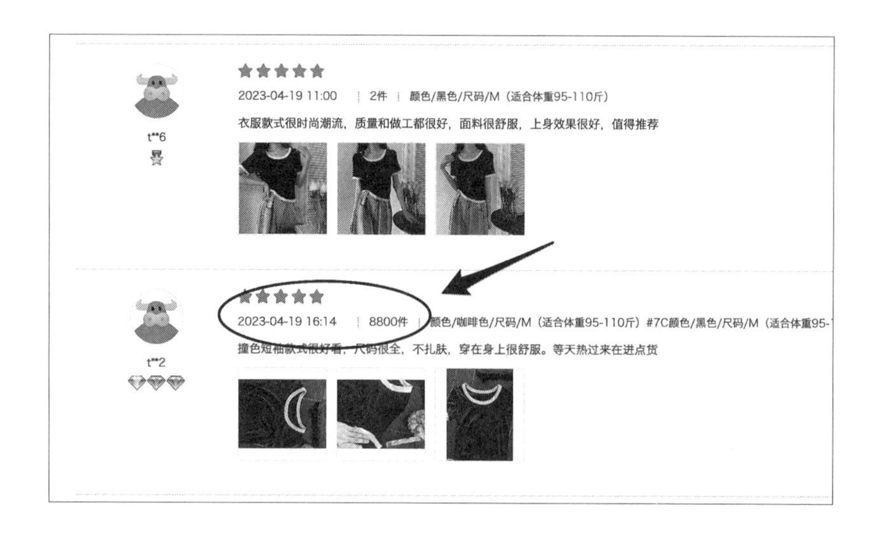

仕入れ先は、価格だけではなくて品質と信頼性も考慮して行うのがベストです。ただ、他にも調べられる項目はありますが、これ以上調べるのは非効率だと感じます。日本のサイトと比べると評価などの信用度も低くなりますし、評価を買っているという噂が出るぐらいですので、私自身もそこまで信用していません。あくまで仕入れ先の比較の目安として使いましょう。まずは初回に大量に発注しなければリスクは低いですし、近年ではアリババの品質の水準もかなり上がってきました。多くの場合、ちゃんとした商品が届きますのでそこまで心配する必要はありません。また、代行業者で検品を依頼することができますので、不良品があった場合は返品の対応をしていただくことも可能です。

初回のテスト仕入れをしよう

仕入れる工場（ショップ）を決定したら、代行会社に商品の発注を依頼していきます。初心者の方や資金が少ない人ほど初回は発注量を少なくして、テスト仕入れを行なってください。初心者の方は、目安としては各商品 10 個程度がお勧めです。バリエーションがいくつかある場合は、人気のバリエーションを 10 個、人気がないバリエーションは５個にするなどで調整しましょう。

これ以上少ないと発売した時のテストマーケティングにおいて、実際に売れるのかどうかや品質の確認としては不十分になります。発注量が多過ぎる場合は、商品の品質が悪かった時や分析が甘く実際に発売したら売れなかった時などのリスクが高まります。

ですので、初回のテスト仕入れでは、大量に発注することは避け、送られてきた商品を実際に見て、販売して、大きな問題がなければ再発注を行います。これにより、リスクを減らし、品質の確保も可能となります。

初心者の方は、まずは小ロットで航空便での配送を選択して早さを重視しましょう。発注量を増やして船便で配送するより仕入れコストは多少高くなるものの、リスクを低減し、商品が実際に売れるか、市場競争に耐えられるかをテストマーケティングで確認することが重要です。

資金的に余裕がある場合は、最初から100個など多めに仕入れても良いです。ただし、その場合は必ず検品を依頼してください、そして、リサーチ段階で商品が売れる可能性や、競争相手が過度に強くないかをしっかり確認してください。

1688から輸入する商品の原価を概算する方法

中国から商品を輸入する際にかかるコストについてご説明します。

まずアリババから代行業者に輸送されるまでの「国内送料（中国）」です。次に代行業者にお支払いする「代行手数料」があります。これは商品の仕入れを代行業者に依頼する際に必要となりますが、業者により設定が異なりますので、詳細は直接業者にお問い合わせください。

さらに、中国から日本へ商品を輸送するための「国際送料」、そして「関税」がかかります。関税は商品の種類により税率が異なります。

特に皮製品などは税率が高いので、初めての仕入れの際には避けることをおすすめします。

これらのコストを全部計算するのは難しく感じるかもしれません。発注をしていない商品のこれらのコストは分かりようがありません。ですので、これらのコストを概算で計算してしまうのが良いです。具体的には、これらのコストを含めて1元あたり25～30円ぐらいで計算するのが良いです。アリババで表記されている「元（げん）」の価格の数字に25～30をかけることで概算の仕入れ価格を計算することができます。経験上、この計算方法を使えば、国内送料（中国）、代行手数料、国際送料、関税を含めた商品の原価がある程度把握できます。

例えば、アリババで表記されている7元の商品は発注量が少ない場合は、30で計算するとして、7×30＝210円となります。つまり、手元に届くまでの概算の原価は1つ210円となります。

この25～30円の計算式は平均の数値になりますので、船便で大量に発注する場合は25よりも低くなることがありますし、逆に発注量がかなり少なかった場合や大きめの商品、または為替で元の価格が高いタイミングなどは30以上の数値になることもあります。

実際には概算ですので、継続して販売が決まった商品や、売れてきて発注量が増えてきた段階でこの概算が正確かどうかを実際の請求書や領収書を見てきちんと確認することが重要です。

リサーチを行う際には、概算としてこの25～30という数値をベースにして原価を計算します。
概算の仕入れ金額を基にして、日本での販売価格から日本国内の送料やYahoo!ショッピングなどでかかる費用を引き、利益が出るかどうかを確認します。

利益率に関しては、概算で計算した時に利益率が30%ほど出る計算なら、市場価格が下落したとしても、20%未満になる可能性は低いので、その程度の利益率を目標に仕入れを考えましょう。

なお、初期段階では利益を度外視し、まずは商品を仕入れて販売することで、実際の経験を積むことが進歩やスキルアップに繋がりますので利益率が低くても、見つかった商品の中からまずは10商品程度は発注して販売してみることをお勧めします。

この段階で慎重になりすぎていつまで経っても発注しない人がいますが、かなりの悪手です。今まで沢山の人を指導させていただいて、早く成功していった人たちは必ずこの段階においても素早く行っていました。雑でもいいという意味ではなくて、適切に丁寧に行いつつも期間を決めて10商品程度は見つかった商品の中から選定して発注されるのが良いです。

初回の仕入れでは概算で問題ありません。この段階では正確な利益を算出するのは難しいからです。しかし、すでにこの手法を実践している400名以上の方々が利益を得られる商品を見つけ出しているのでご安心ください。

※上記の概算の数値は、１元が19円の時点での概算になりますので、為替の変化に応じて調整してください。

ズボラな人でも販売時の利益計算をする方法

販売価格からYahoo!ショッピング販売での諸経費や配送料を引いて、先ほど計算した商品原価を引くと、商品を販売した時のおおよその利益額と利益率がわかります。

この計算により、赤字ギリギリの販売価格はいくらなのか？　安い順で上位に表示させた時の収益はどうなのか？　おすすめ順の上位表示に成功して販売価格を適切な状態にした時はどれぐらいの利益率になるのか？　などを知ることができます。

正確な数値はどこかのタイミングできちんと計算したり、税理士さんを交えて利益計算したりするべきですが、新商品を発注する時点での利益計算はスピーディに行いたいので、以下のサイトで利益計算するのがお勧めです。

今回、Get Apcというサイトを運営されている「株式会社Ben Create」様に許可をいただきましたので、ご紹介させていただきます。誰でも登録なしでカスタムしながら簡単に計算できますので便利なサイトです。

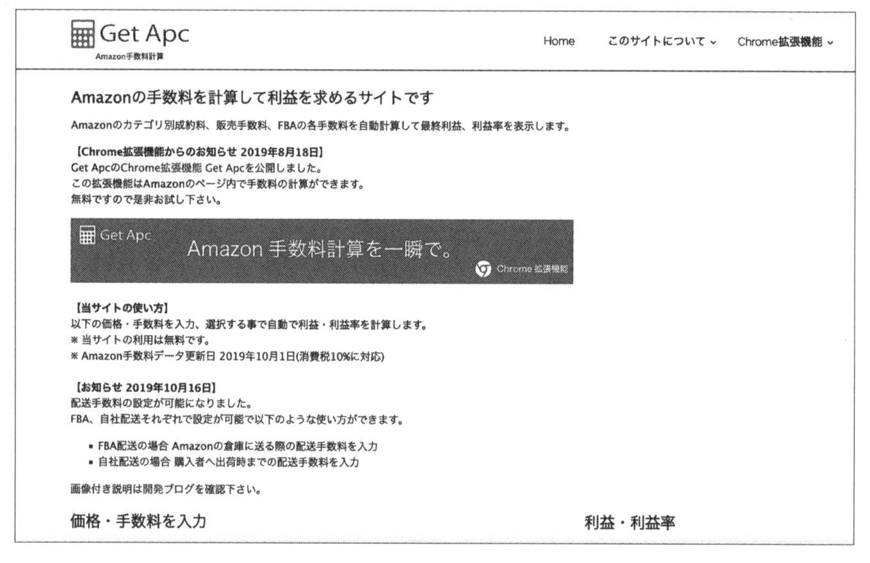

https://get-apc.com/

実際に使っていただければすぐに使い方がわかると思いますが、動画にてご説明をさせていただきました。本来はAmazon販売での利益計算をするサイトですが、Yahoo!ショッピングにも応用可能です。本ツールを活用すれば、１つ１つの商品に対する販売価格と仕入れ価格等を入力するだけで、利益を計算することができます。

解説動画
https://vimeo.com/805015713/e76776c87b?share=copy

このツールを活用して計算すると簡単かつ割と正確に計算できますので、仕入れ時点での計算としてはこれで十分です。活用してみてください。

本格的にライバルの分析しよう

利益が取れる商品が見つかったら、次にライバルの詳細な分析に取り組みます。

詳細な分析に入る前にまずは、上位ライバル２～３ページの販売価格の相場を認識し、それを元に利益計算の概算を行い、注文すべき商品と判断して本格的なライバル分析を行いましょう。なぜかというと、本格的なライバル分析を行った後に利益が得られない商品であることが判明したら、ライバル分析に費やした時間が無駄になってしまうからです。

ライバル分析をする目的としては、どれくらい売れているのかを確認する、どの部分が強くてどの部分が弱いのかを理解する、各ライバルの優れた部分を参考にする、ストアの強さと弱さを確認する、などがあります。それらを確認して、あなたがどの部分で勝つのか、勝てる見込みはあるのかを分析するためです。

そのためにはまず、ライバルをメモして一覧にしておく必要がありますので、以下の要素をメモアプリなどやエクセルに保存しておきましょう。

- 商品名
- ヤフショでの販売ページURL
- 1688ページURL
- 利益率の概算
- メインキーワード
- 推定販売価格
- 安い順で1番に表示できる価格
- 類似商品の1位から10位までの売上
- 自己評価
- 仮説（どの部分でライバルに勝ちにいくか）

このような情報を一覧化しておくことで、ライバルの分析が簡単になり、実際に挑むべきかどうかの判断がしやすくなります。

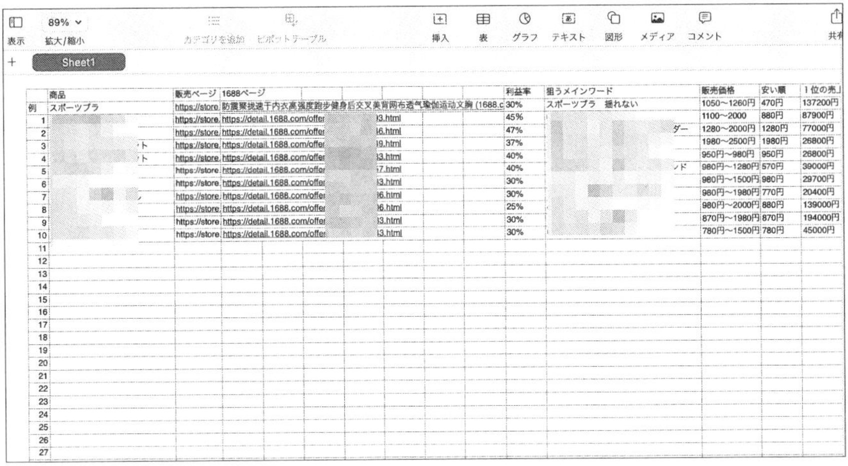

表示　89%　拡大/縮小　カテゴリを追加　ピボットテーブル　挿入　表　グラフ　テキスト　図形　メディア　コメント　共有

Sheet1

	商品	販売ページ	1688ページ	利益率	狙うメインワード	販売価格	安い順	1位の売」
例	スポーツブラ	https://store.	防震聚拢速干内衣高强度跑步健身后交叉美背网布透气瑜伽运动文胸 (1688.c	30%	スポーツブラ　揺れない	1050〜1260円	470円	137200円
1	[illegible]	https://store.	https://detail.1688.com/offer [illegible] 3.html	45%	[illegible]	1100〜2000	880円	87900円
2	[illegible]	https://store.	https://detail.1688.com/offer [illegible] 6.html	47%	[illegible] ダー	1280〜2000円	1280円	77000円
3	[illegible] ト	https://store.	https://detail.1688.com/offer [illegible] 9.html	37%	[illegible]	1980〜2500円	1980円	26800円
4	[illegible] ト	https://store.	https://detail.1688.com/offer [illegible] 3.html	40%	[illegible]	950円〜980円	950円	26800円
5	[illegible]	https://store.	https://detail.1688.com/offer [illegible] 7.html	40%	[illegible] ド	980円〜1280円	570円	39000円
6	[illegible]	https://store.	https://detail.1688.com/offer [illegible] 3.html	30%	[illegible]	980円〜1500円	980円	29700円
7	[illegible]	https://store.	https://detail.1688.com/offer [illegible] 6.html	30%	[illegible]	980円〜1980円	770円	20400円
8	[illegible]	https://store.	https://detail.1688.com/offer [illegible] 6.html	25%	[illegible]	980円〜2000円	880円	139000円
9	[illegible]	https://store.	https://detail.1688.com/offer [illegible] 3.html	30%	[illegible]	870円〜1980円	870円	194000円
10	[illegible]	https://store.	https://detail.1688.com/offer [illegible] 3.html	30%	[illegible]	780円〜1500円	780円	45000円
11								
12								
13								
14								
15								
16								
17								
18								
19								
20								
21								
22								
23								
24								
25								
26								
27								

※こちらは実際に受講生に提出していただきアドバイスしているリサーチ表です。

実際に発注するかどうかの決断をする時に重要となる要素は以下になります。先ほどメモしておいたライバルの以下の部分を重点的に確認して参入するかどうかを決めましょう。

- 画像
- 訴求内容
- 商品レビュー
- ストアレビュー
- SEO 上位にできるか
- 需要があるか

それぞれ説明します。

【画像】

販売ページがライバルと比較して劣っている場合、（アクセス×購買率）の購買率の部分において圧倒的に不利になるため、強いライバルには勝てなくなることが多いです。ライバルと比較して、少なくとも同じぐらいのクオリティで販売画像を作れるのかどうかを判断します。

【訴求内容】

売れているライバルが何を訴求していて、それを自分も再現できるのかどうかが重要です。例えば、専門店などが特殊な耐久テストを実施してそれを販売画像に反映していたりすることがあります、わかりやすい例で言うと、ニトリが、「1000回の耐久テストに合格した商品です」みたいなアピールをしていることがありますが、それは多くの人にとって再現が難しいですよね。タレントを起用して推薦の声が入っていたり、そういうこともあります。そのような場合は、あなたがそれを再現できるかどうかで判断して、同じようなことを実施できないと判断した場合は、そのライバルに勝てる確率は低くなると判断しましょう。訴求している要素がお客様にとって魅力的であればあるほど、それなしで対抗するのは不利になりますので、そのような要素があるライバルがいる時には慎重に挑むようにしましょう。

【商品レビュー】

商品レビューが入っていない商品と、商品レビューが1000件入っているページがあったら通常は1000件の方を選びます。さらに、1000件以上入っている場合は多くの場合、販売ページも何回もリニューアルしたり、訴求内容もかなり補強していたり、広告も強めに打っていたり、資金的にも豊富だったりしますので、不利な要素が多く、初心者が打ち負かすことは難しいです。まずは勝てる相手に挑み、勝ち切ることが大切ですので、強いライバルには実績を積んでから挑みましょう。

【ストアレビュー】

ストアレビューは商品レビューよりは影響力は低いものの、【優良ストア】を取得しているしていない差は出ます。ただし優良ストアをまだ取得していないショップでも勝てることはありますので、この部分に関しては参考程度に見ておきましょう。ストアレビューがあまりに多いショップは資金力が豊富であることがほとんどですので、広告などは強めに使っている傾向にあります。

【SEO 上位にできるか】

繰り返しになりますが、Yahoo! ショッピングでは多くのお客様が検索して商品を探して注文しますので、「おすすめ順」の上位に表示できなければ継続的に売ることはまず無理です。ですので、おすすめ順の上位のライバルを俯瞰的に見て、そこに入り込めるのかどうかの判断は非常に大事になります。また、これは上位のライバル調査とは別になりますが、「安い順」の上位に表示させることができる価格帯なのかどうかも原価を計算した後に必ずチェックしておきましょう。

【需要があるか】

これはニッチ商品を仕入れる時に注意すべきことで、最上位なのにほとんど売れないなんてことも起こります。それだと販売ページの作成費用や、SEO を上げるための費用、そして管理する手間や時間などを考えると、取り扱うべき商品ではないと判断できますので、需要が低すぎる商品にも注意してください。仮に月に２万円の売上で利益率 25％で 5000 円の利益になるからいいじゃないか、と思われる人もいらっしゃいますが、5000 円の利益の商品で月利 100 万円にするには、

200商品を扱わなければなりません。100商品を超える商品を扱うと管理だけでものすごい労力となりますし、外注するとしても大変です。ですので、いくら利益が出るといっても金額が低すぎる場合は、管理する時間や手間などからお勧めしません。

代行業者を利用した1688での購入の流れ

発注したい商品が決まったら、次のように代行業者を利用して商品を仕入れる手続きを開始します。

1. アリババで注文したい商品を代行業者に依頼
2. 代行業者が見積もりを計算して請求
3. 代行業者がアリババから買付け
4. 代行業者に届いた商品をあなたの自宅や事務所などに国際輸送

代行業者への発注方法はそれぞれ異なりますが、私が5年ほど利用している「ラクマート」さんでは、サイト上で日本語探したり、そのまま注文が可能で、システム的にも注文しやすく、対応も満足していますのでお勧めです。

注文した商品を輸送していただく国際配送方法に関しても、サイト上で計算ツールを用意されていて、どれぐらいの重さでどれぐらいのサイズの箱ならばどの配送方法が良いのかが一目で判断できるツールがあるので、その点も便利だと思います。

また、税関で止められやすい商品や没収事例のあった商品などを教えてくれたり親切です。

代行業者は数多くありますので、依頼のしやすさや信用度を考慮して決めると良いでしょう。困った時に丁寧に対応してくれる、危険な商品を輸入しようとしたら止めてくれる、お客様のことを真剣に考えたサービスを提供し続けているかどうかなどを重視しましょう。

今回、本書をお読みになった方に、ラクマートさんから１ヵ月間の代行手数料を無料にしていただけるように協力いただきましたので、ラクマートを利用される方は、QR コードからご登録いただき特典をお受け取りください(※登録から１ヵ月無料なので、発注商品が決まってからご登録いただくのがお得です)。

（左）ラクマート代表 大館さん　（右）おくだ

国際配送はどの輸送方法を選ぶべきか？

中国から日本への配送方法としては色々ありますが、まず大きく分けて船便と航空便の２種類が主にあります。それぞれにはメリットとデメリットが存在しますのでご説明します。

まず、航空便を用いた国際送料について見てみましょう。

【メリット】

- 商品の到着が早い（トラブルがなければ１週間前後）
- キャッシュフローが良くなる
- こまめに発注できるので在庫切れを起こしにくい

【デメリット】

- 発注量が多いと船便よりも送料が高い
- 輸送が許可されない商品が存在する
- 大きい商品は追加料金が発生する

航空便では輸送が許可されない商品として代表的な商品だと液体や電池などがあります。

次に、船便を用いた国際送料について見てみましょう。

【メリット】

- 大量の商品を輸送する際は、航空便よりも国際送料が安い
- 航空便では輸送が許可されない商品を送ることができる

• 大きな荷物や重量物も運ぶことが可能です

【デメリット】

• 発注量が少ないと航空便より高くなることがある
• 商品の到着までに時間がかかる（目安は約３週間）
• キャッシュフローが悪くなる

一定以上の量を発注する際は、航空便よりも船便を使う方が送料が安くなる傾向があります。しかし、量が少ない場合は逆に航空便の方が安くなる可能性もあるため、状況に応じて使い分ける必要があります。

基本的には、初心者の方は航空便を推奨します。送料が船便より高いと感じるかもしれませんが、航空便なら１週間で届く商品が、船便では３週間以上かかることもあり、初期段階の資金が少ない状況ではキャッシュフローも考慮して航空便が良いです。発注量もそんなに多くない段階だと船便にしてもそれほど輸送コストが安くなりませんので、まずは航空便を使うようにしてください。また、初期段階ではなるべく早く販売の経験をしたり、テストマーケティングする観点からもスピードを重視しましょう。

どの航空便を使うか、どの船便を使うかに関しては、お使いになられる代行業者によって取り扱う配送方法が若干異なることがあり、配送する重量やサイズによってもどれがお得かが異なるため、一概には言えませんが、一般的に中国輸入セラーがよく使う航空便はOCS、船便はTW船便が多い傾向にあります。

お使いになられる代行業者で、発注商品が揃い国際輸送する前に、重量や箱の数やサイズに応じて、代行業者の担当にお尋ねするのが確実です。輸送日数も考慮することをお忘れないようにしてください。

OEMで99%失敗する鉄板パターン

初心者の人は商品をオリジナル化するOEM販売をやりたがることが多いです。しかし、初心者の人がOEMをやると誇張なしで99%失敗します。私は今まで、何度もOEMしたことがあり、1つのOEM商品で月に1000万円売れたこともあります。OEMや差別化を成功させるにはどうしたらいいか？について詳しいほうだと思いますので、OEMで失敗する被害者が増えないように少し解説したいと思います。

OEMって言葉はSNS上では、オリジナルブランドを確立できる魔法のような言葉で使われることが多いです。なぜかというと、初心者さんのOEMの需要が高いため、OEMの情報コンテンツを販売すると売れるので、発信して甘い言葉で勧誘する人が多いからです。

しかし、OEMをやる意味って何かというと、要はライバルとの差別化になります。しかし実際には、差別化は難しいレベルのことをやるから効果があるので、誰でもできる差別化は効果がないです。物販初心者さんの多くはOEMの言葉に踊らされてしまい、魔法にかかったように一か八かでOEMに資金を突っ込んで大失敗するパターンが物凄く多いです。

受講生Kさんも、過去にAmazonでのOEM販売を行い100万円以上を仕入れに使ったのにも関わらず月商10万円にも届かずに大失敗してしまいました。そこから再起するためにご相談いただきコンサルを開始して、残りの仕入れ資金30万円から、OEMをせずにYahoo!ショッピングのみで月商500万円以上、月収100万円以上を達成されました。つまり、Kさんにとって Yahoo! ショッピングで既製品を販売しての月収 100 万円達成よりも、Amazon で OEM 商品を１商品売ることの方が難しかったということです。この事例は珍しいことではなく、他にも同じような経験をされている方が複数いらっしゃいます。お決まりの OEM 失敗パターンなのです。

ほとんどの人が差別化しようとしてまず思いつくのは「他のセラーと違うことをしなければ！」ということです。まずはその他大勢から抜け出さなければ差別化にならないので、みんなと違うことをしようとします。それ自体は正解です。でもみんなと違うことをするだけだと、変わった商品になるだけで売れません。恋愛で例えると差別化しようと顔をピエロみたいにしたからといってモテませんよね。高確率で怖がられるでしょう。差別化は成功しているのですが、変わり者になっただけで、その差別化に需要がないからです。ミネラルウォーターを青色にしても売れないのと同じです。多くの人が失敗する差別化や OEM はこの状態がほとんどです。

変化させるだけだと差別化の意味はありません。上記のようにマイナスになることさえあります。では、どうすれば差別化が成功するかというと、変化を加えることを需要とマッチさせなければなりません。

物販で差別化したい時にやるべきことは、まず OEM する予定の商品で定量的に求められていることを調べます。定性的な「かわいい」とか「オシャレ」とかは人によって感覚が違うので、差別化してそこを訴求しようとするとギャンブルに近くなるのでお勧めしません。まずは、予定している候補商品でお客様から求められるものや、喜んでいただける部分をリストアップして一覧にします。そして、同ジャンル商品で売れている上位ライバルを調べて、ライバルが訴求していることをリストアップします。

「お客様が喜ぶ部分」「上位ライバルが訴求している部分」その2つを見ながら、神経衰弱して、スキマを見つけます。「お客様が喜ぶ部分」－「上位ライバルが訴求している部分」＝スキマです。そのスキマから定量的なものに絞って、それをさらに分析して、OEMが成功するかを深掘りしていきます。ここの精度を上げるためには、深掘りの段階で沢山の見込み客にヒアリングする必要があります。なんとなくこうじゃないかな？　は失敗しますので、実際に利用客にヒアリングするのが確実です。

ここで問題ですが、上記のレベルのことを、初心者さんは徹底してやることができるでしょうか？しかも、頑張って上記のことをクリアしたとしても終わりではありません。OEMしようと思うと、ロットをクリアしなければなりません。商品によりますが本格的なOEMをしようとすると中国輸入商品だと平均で200万円ぐらいの費用になることが多いです。バリエーションかなり少なくて交渉がうまくいっても100万円前後はかかります。本格的なOEMをしない場合でも、ライバルができない部分で優位性を作る必要があります。例えば特殊なルートの商品を仕入れるとか、需要は高いけど特殊なオマケをつけるとか、コンセプトと知名度を圧倒的にするとか、権威性を圧倒的にするとか。簡単な差別化だと、それは他の人でも簡単にできるので効果が薄いわけです。

よくあるOEMの勘違いは、中国輸入商品にロゴだけ入れるとか、パッケージだけ作るとかです。そんな情報や広告を見た人もいるかもしれません。簡単にオリジナルブランドを作って稼ぎましょう！みたいなキャッチフレーズです。そんな簡単にオリジナル商品で稼ぐことはできません。ノーブランド品に無名ブランドのロゴ入れただけでは売れないですし、そこに需要がありません。ボールペンに無名ブランドのロゴが入っていて欲しい人はいないはずです。それならむしろ無地の方が良いですよね。それと同じです。つまり、スキルと資金と経験値が高い人の方が、差別化は有利になるわけなので、初心者さんにはOEMや差別化はお勧めできないわけです。

ちなみに残酷な事実をお伝えすると、OEMで1000万円売るよりも、1688既製品を1000万円売る方が、遥かに難易度が低く達成速度が早いです。ですので、まず本書のノウハウで資金とスキルを溜めてからOEM販売に挑戦する順序がお勧めです。OEM商品にしたら勝手に売れていくわけではないのでそこは勘違いしない方が良いですね。

第6章

1商品で月1000万円売った「売れる商品ページ」の極意

「売れる商品ページ」を作る原理原則

ここからは最重要項目の１つ「販売ページ」に関して解説していきます。

大きく分けて３つの項目でお伝えしていきます。１つ目が「売れる商品ページ」を作る原理原則」２つ目が実践編として「売れる商品ページ」の構成パターンをお伝えします。３つ目が「商品ページ」にアクセスを集めるキーワード対策に関してお伝えします。

Yahoo! ショッピングで400社以上が効果を実証済みの、売れる画像を作る方法を伝授致します。

ヤフーショッピングで稼ぐために商品画像は間違いなくセンターピンの１つです。稼げていない人のページを見ると９割以上の方は販売画像が微妙です。販売ページの画像を見たらその人の物販レベルや月商レベルがわかるほどです。画像が弱いと広告を強化しようが、SEOを上げようが、穴の空いたバケツに水を注いでいる状態になるので稼ぎにくくなります。多くの稼げているセラーはそれを知っているので、販売ページの画像には徹底してこだわっています。

この章では売れる画像の本質を知っていただき、仮に初心者であっても売れる販売画像、販売ページを作れる方法をお伝えします。

販売ページは「画像」が９割

販売ページはかなり重要です。

対面でのセールスではセールストークが重要ですが、ネット通販では販売ページがセールスマンの代わりです。

販売ページは様々な要素で構成されています。「タイトル」、「画像」、「説明文」、「プロダクトカテゴリ」その中でも特に重要なのが「画像」と「キーワード」です。ここで言及する「キーワード」はSEOと密接に関連しているため、詳細はSEOに関する章でも解説します。

「画像」の重要度は「販売ページの９割を占める」と言っても過言ではないです。たとえ商品説明文を巧みなライティング技術を使って洗練された文章に仕上げたとしても、売上はほとんど変わらないことが多いです。しかし、画像のクオリティを向上させれば、その成果はすぐに購買率に影響を与え、売上に反映されます。近年では、商品説明文を読まないお客様も増えてきていますが、画像を見ずに購入されるお客様はほぼいません。

とはいえ、もちろん商品説明文をきっちり読まれるお客様ももちろんいらっしゃいますので、商品説明文を適当に作成するのは控えましょう。商品説明文には「メリット」、「概要」、「信頼性」を明示し、そこにキーワードを盛り込むようにしましょう。ただし、キーワードをただ羅列するのではなく、自然に文章に織り込むように心掛けてください。画像だけでは伝えきれない情報の補足や、適切なキーワードの挿入を意識すると良いです。

画像に関してはこのあと、適切な構成などもご説明します。まずは画像の重要性を深く理解しておきましょう。多くのセラーがその重要性に気づいておらず、適当に用意された画像を用いて商品を販売していて失敗しています。仮にその状態で売れたとしても本来ならもっと売ることができるのに機会損失しています。ライバル争いにおいて、販売ページの良し悪しで勝負が決まることもあるぐらい重要ですので、しっかりと対策していきましょう。

ビジネスで売上 150% は難しくない

「画像」は資金のリソースを最大化する力を持っています。逆に言えば、販売ページの画像のクオリティが低ければ、アクセスを多く集めたとしても購買率が低いままで、アクセスを集めるために費やした費用が無駄になります。SEO を上げたり広告を出したりしても、損失が大きくなりキャッシュフローも悪化します。そのため、「画像」は資金が豊富になってから力を入れるべき項目ではなく、逆に資金が限られている人ほどその限られた資金を有効活用するために力を注ぐべきなのです。

しっかり理解していただくために、「画像」によって購買率を向上させることで、資金のリソースをどれほど最大化できるのか、具体的な数字を出しながら解説します。

中国輸入商品を Yahoo! ショッピングで販売する際、購買率の目安としては、平均的に 3 ～ 10% ぐらいです。もちろん、商品によってこの数値は変動します。競争の激しいレッドオーシャン商品では購買率が下がり、３％に近づくことも多いです。一方、ニッチな商品では10％を超えることもあります。しかし、購買率が 10％を超える商品は、競合や売上が少ないためにそのような高い数値が出ており、売上の天井が低いという側面もあります。

それでは、一例として購買率が４％の商品を販売する場合を考えてみましょう。１万アクセスがあり、商品価格が 1000 円の場合、10,000 × ４％× 1000 円＝ 40 万円の売上です。そして、この販売ページを改良し、購買率を４％から６％に引き上げると、同じ 10,000 アクセスと 1000 円の商品価格でも、60 万円の売上となります。つまり、売上は 150％アップしたということです。会社員の方が給料を 1.5 倍にしようと思えばとてつもない努力と時間がかかるイメージかもしれませんが、ビジネスではこのように 1.5 倍にすることはセンターピンとなる重要な部分を知って、そこに注力すればそれほど難しくはありません。

中国輸入販売において、購買率を大きく左右する最も重要な要素が「画像」であると言えます。もちろん、商品レビューやその他の要素も大事であり、その詳細は第９章の今すぐ使える売上 150％「テクニック集」で解説します。ただ、レビューや顧客サービスの質を最大限に活かすのも「画像」になります。強固な保証や優れたカスタマーサービスがあっても、それを最大限に生かすためには「画像」が欠かせません。要は、顧客が必ず目にする「画像」をどう魅力的に見せるかが、競争相手との差をつけ、ビジネスの勝敗を決定付ける重要な要素となるのです。

画像を変えただけで、月商16万円から月商800万円になった実例

実際に私の実例をお伝えします。すでに発売していたある商品に対して、販売画像のみ変更を行いました。

この商品はとても大きな市場の商品で物凄くポテンシャルを持っていましたが、発売した初月は微妙な売上でした。

1ヵ月目：売上16万円、注文数243個、購買率3.2%

という数値でした。しかし、発売当初からページビューが多かったので、この商品は非常に大きなチャンスを秘めていることを感じ、売上をさらに伸ばすために、「画像」の改善に本気で取り組むことにしました。全てのリソースをこの商品の販売画像に注ぐ意気込みで、競合を徹底に調査しながら画像を何度も何度も修正しました。１枚目のサムネイル画像はもちろんのこと、サブ画像に関しても１枚１枚の細部にまでこだわり、画像加工の外注さんにお願いして何度何度も作り直しをしていただき、もう修正する部分がないという状態に仕上げました。そして、予想以上の結果を出すことができました。

2ヵ月目：売上530万円、注文数6292個、購買率3.8%
3ヵ月目：売上809万円、注文数9307個、購買率6.7%

売上合計値	注文数			平均購買率	ページビュー
	注文数合計	注文点数合計	注文者数合計		
8,099,336	5,428	9,307	5,323	6.7%	110,067

さらに、販売価格を１ヵ月目に比べて約 200 円値上げできたので、営業利益率も 20％以上を確保することができました。しっかり利益を確保した状態で１商品で月に 800 万円売れたのです。もちろん、それだけのポテンシャルを含んでいた商品であり、参入するタイミングも良かったこともありましたが、販売画像を変えて SEO 対策を行うことでこれだけの変化が起こったのです。

以上の事例からわかるように、「画像」は Yahoo! ショッピング販売における非常に重要な要素であり、その品質や訴求内容が直接的に売上や利益に影響を与えます。顧客が商品を直接手にとって確認できないオンラインショッピングでは、「画像」が商品の印象そのままであり、商品とお客様を繋ぐ大きな接点となります。

したがって、チャンスと判断できる商品に対しては、販売画像にリソースを大きく投入して改善し、そのクオリティを上げることは、大ヒット商品を生むための必須の戦略です。

画像は「自作禁止」

いざ、あなたが販売画像を作ろうとした時に、必ず守っていただきたい非常に重要なアドバイスを申し上げます。それは、商品画像の「自作禁止」です。フリマアプリなどで販売する人は、スマホで商品を撮影し、そのままスマホアプリなどで文字を入れて出品するケースも少なくありません。実際、私自身も過去にそのような方法で販売していました。しかし、Yahoo! ショッピングのようなプラットフォームは、本格的なビジネスとして販売する場所です。顧客はあなたの商品を、企業やパワーセラーの商品と比較して選びます。その場合、自作の画像では見劣りしてしまい圧倒的に不利です。

Yahoo! ショッピングは、楽天や Amazon 同様に、月商 1000 万円を超える大規模なショップが数多く存在します。そのような競争相手に対して自作の画像で対抗しようとするのは、まるでナイフ一本で戦場に飛び込むようなものです。画像は自作せず画像加工の専門家に依頼することを強くお勧めします。自作に自信があるとおっしゃる方もいらっしゃるかもしれませんが、実際にはその多くが自己満足に過ぎず、客観的に見て成功している他の商品画像と比較すると見劣りするケースが大半です。

仮に、画像作成の経験がある方であっても、自作を極力避けることをお勧めします。その理由は、新商品の画像を毎月全て自分で作成すると、それに費やす時間が膨大になるからです。あなたの主要な役割は画像作成ではなく、ショップの運営です。利益を上げて、顧客満足度を上げることです。そのためには、商品画像の自作で時間を使うのではなく、他のあなたしかできない活動に注ぐべきです。あなたは画像作成のプロとして活動していきたいわけではなく、物販ショップの経営者としてビジネスで稼いでいきたいはずです。労働集約型の作業で稼いでいきたいわけではないはずです。

ビジネスはリソースの最適化によって成功します。画像作成もその例外ではありません。画像加工のプロに依頼することで、画像のクオリティを自作より高くして、あなたは自分の時間を他の活動に注ぐことができます。これは、ビジネスの成長と成功にとって非常に重要な戦略となります。

ただし、ここで私が指摘している「画像の作成を依頼する」は、「画像の具体的な作成作業」を専門家に依頼することを指しています。画像の構成を決めたりどのような訴求にするのかは丸投げしないであなた自身で行うのがお勧めです。なぜなら、あなた自身が商品に関して最も詳しくあるべきで、情熱を持って取り組むべき部分だからです。画像加工のプロは画像を作るプロであって、マーケティングのプロではないので、あなたの方がその商品のマーケティングや販売戦略を理解しているはずです。特に月商数百万円の段階では自分自身で画像の訴求内容や構成を考えることをお勧めします。

売れる販売ページ作成に必要な３つの分析

ECモールでの販売において、効果的な販売ページを作るためには「商品」「顧客」「ライバル」の３つの要素を理解していなければなりません。これらの要素を理解することにより、売上向上に繋がる良い販売ページ作成ができます。

まず「商品」についてです。商品を熟知することは、その魅力を最大限に引き立て、顧客に理解しやすい形で伝えるためには必要不可欠です。それは、お客様がその商品を使うことによってのベネフィットや、それが解決する課題や提供する価値を深く理解することから始まります。

次に「顧客」についてです。販売する商品に最も関心を持つであろうターゲット層を理解し、その商品に求めていることや解決したいことを把握することは非常に重要です。顧客の年齢、性別、趣味、価値観、ライフスタイル等を考慮することで、より効果的な訴求や視覚的な要素を取り入れた販売画像なども作成できます。

最後に「ライバル」についてです。競合他社がどのような販売戦略を行っているのかを理解することで、自社の強みや差別化ポイントを見つけることができます。ECモールではSEOの観点からライバルにアクセスや購買率で勝ちにいかなければなりません。まずは、ライバルの成功事例を学び、自社の販売戦略に取り入れ、SEOを上げていく必要があります。この部分は商品の発注前に行う方が良くて、勝てない相手には挑まないことが時間や資金を無駄使いしないポイントになります。

「商品」「顧客」「ライバル」の３つを理解することで、売れる販売ページを作るための具体的な戦略が見えてきます。これらの要素を適切に組み合わせ、徐々にオリジナリティを加えた販売ページを作成してナンバー１やオンリー１な存在にしていきましょう。

「NGなパクリ」と「OKなパクリ」とは？

売れる販売画像を最初から作成するのは正直難しいと思います。経験や実績が無ければ、何が正しいか、何が間違っているかを見分けるのは難しいです。そこで、重要なのは既に成功を収めているページを参考にして比較することです。特にまだ実績のない方は、既に成功しているページを模範としてください。これはビジネス全般でも同じですが、特に物販の販売画像においては基本的な原則と言えます。

ただし、私が強調したいのはパクリ行為を推奨しているわけではないということです。本心としてはオリジナリティを重視して成果を上げるべきというのが私の理想の考え方ではあります。しかし、成功しているページを参考にしないことで、成功確率がグンと下がるのもまた事実です。直感だけで成功を収める人は、優れたセンスを持ち、天才タイプです。ほとんどの人が直感だけで成功することは困難です。成功を収めていない人は、成功している事例を素直に学ぶことが肝心です。

参考にすることが大切だとはいえ、パクリによって恨みを買ったり、ガイドライン違反になったり、訴訟を起こされることは避けるべきです。最近では“TTP”という言葉もよく耳にします。これは“徹底的にパクる”という意味です。しかし、この徹底的にパクるという表現は、文字通り全部をパクってしまうと誤解する人もいるでしょう。そのため、参考にする範囲とパクリ行為の境界線については認識しておくべきです。

具体的に言えば、商品販売において、販売ページをそのままコピーするのは無断転載で、これは違法行為です。「無断転載」ではなく、あくまで「真似」が重要です。真似からスタートして徐々にオリジナリティを加えていく順番が成功確率を上げて成功を維持できる手順です。自分のオリジナリティを押し通すのではなく、まずは成功している事例を参考にしながら、徐々に自分のスタイルを取り入れていきましょう。

そのため、原則として「無断転載」は NG ですが、実績がある販売画像の構成を真似したり、雰囲気や、一部を参考にするのは成功確率を上げるために必要な行為です。既存の成功事例を参考にしながら、最終的に自分のオリジナリティを少しずつ取り入れていくことで、確率と効率も上げながらスムーズに成功していくことができます。

(POINT)

- ライバルページをそのままコピペするのはNG
- 画像をそのまま無断使用するのはNG
- 「販売ページの型や構成」を真似るのはOK
- 「売れているページ」を改善して良いページを作るのはOK

画像を「低コスト×高品質」で外注する方法

画像作成の業者さんに依頼すると1商品の画像を作成するのに数十万円のコストがかかることもあります。そこでお勧めなのが個人の画像外注さんです。個人の画像作成の外注さんに依頼すると、1枚1000円～3000円ぐらいで売れる画像を作成いただくことが可能です。

具体的な依頼先ですが、ランサーズ、クラウドワークス、シュフティなどで募集をかけます。

1画像1000円ぐらいの低予算でもクオリティの高い画像加工ができる人も応募してきてくれます。ただ、より早く確実にレベルの高い人を採用したい場合は、1画像1500～3000円で募集して採用するのも良いです。予算に関しては、資金とか現在の実績で決めてください。また、依頼できる商品がほとんどない場合は、いきなりレベル高い人を雇うと、発注数が少なすぎて、外注さんから嫌われてしまうこともあります。

ちなみに私はYahoo!ショッピングで月商300万円を超えるまでは、

1枚1000〜1500円ぐらいの方に依頼していました。月商が1000万円を超えている受講生でも、平均で1枚1500円〜2000円ぐらいです。金額が低いから売れる画像は作れないということはないので参考にしてください。

資金がないなら、ないなりにベストを尽くすしかありません。できることをしましょう。どうやったらできるかを考えましょう。もちろん低予算になるほど、良い画像加工さんを見つける確率は下がりますので、繰り返し募集を投稿したり手間も増えます。しかしそれは低予算で募集しているので仕方のないことですし、行動量や対応でカバーするようにしましょう。

ちなみに、今まで個別指導してきて、良い画像外注さんが見つからなかったというケースはありませんでした。きちんと応募文を作り募集すれば低予算であっても、一定の基準値以上の人は見つかります。

「画像」外注さんの決め方

繰り返しになりますが、画像の自作はNGです。クラウドソーシングサイトで個人の外注さん（フリーランサーの方など）を募集して依頼してください。専門業者に依頼することも可能ですが、費用面は個人の外注さんの数倍になります。ちなみに業者さんだとバーチャルインという会社が撮影から加工までを一貫したサービスを行なっています。撮影だけバーチャルインさんに依頼して画像加工は個人の方に依頼するという組み合わせもお勧めです。

個人の画像加工をしていただける外注さんを私は通称「画像加工さん」と言っているので、呼び慣れた「画像加工さん」と書きますね。

サイトで募集をかけると、何人かの方が応募してくれます。その時に、とても重要なことがあります。それは何かというと「画像加工さん」をしっかりオーディションする。ということです。

Yahoo! ショッピングにおいて画像は物凄く大事な部分だとお伝えしてきました。つまり、画像のクオリティに大きない影響を与える「画像加工さん」は物凄く大事ということです。売上や利益に直結していく部分なのです。つまり、どの人にするのかの選定はとてつもなく大事です。妥協せずに、厳選して選ぶようにしましょう。「画像加工さん」に依頼することが大事なのではなくて、どの人に依頼するかが大事です。ですので応募いただいた人の中からオーディションを開催しているかのようにしっかりと良い人を厳選して決めていきます。「なんとなく良さそうだからこの人」という決め方は絶対にしないでください。

まずは判断基準がないと決められないので、募集の時には必ず過去の作品を添えて応募いただくようにします。もちろんここで、天ぷら屋さんのホームページの過去作品をいただいても判断できないので、EC ショッピングモールで、過去作品を送っていただくように募集時に記載します。

応募いただいた中で納得するクオリティの方がいない場合はもう一度募集をかけます。オーディションで逸材を探しているような気持ちで決めると良いと思います。オーディションのプロデューサーは選考において、適当に決めないですよね。必死に良い人を探すはずです。過去作品だけでは分からない部分もありますし、相性もあると思いますので、良いと思える人がいたら一度、試用期間として依頼してみましょう。

「画像」の依頼方法

いざ、依頼するとなったら商品の詳しい情報を画像加工さんと共有します。画像加工さんに丸投げする人も多いのですが、それだとうまくいきません。その商品のターゲットは誰なのか？ 訴求ポイントは？ ライバルは？ どのページを参考に作るのか？ しっかり伝えましょう。

私は画像の依頼が不慣れな頃は、エクセルやエバーノートなどのメモアプリに情報をまとめて共有していたのですが、テキストだけだとニュアンスや、細かいディティールが伝わりにくくズレが生じます。そこで現在は、一度テキストで重要部分をまとめて、それを画面録画で収録しながら伝えるようにしています。そうすることで細かい配置の部分や伝えたいことがしっかり伝わるようになりました。

収録ソフトはこだわらなくても良いです。私はMacユーザーなので最初から搭載されているQuick Time Playerを使っていますが、Windowsの方も、画面録画できたらソフトは何でもOKです。

「売れる商品ページ」を作る７つのポイント

ここからは限られたリソースを最大化しながら「売れる商品画像」を作る７つのポイントをお伝えしていきます。

① 商品を理解する
② ターゲットを理解する
③ ライバルと必ず比較する
④ スマホが９割
⑤ 短時間で伝える工夫
⑥ 丸投げしない
⑦ テストマーケティング

① 商品を理解する

商品を深く理解することは、魅力的な商品ページを作成するための基本でとても大切です。Yahoo! ショッピング×中国輸入販売の場合は、まずは複数の商品を販売してくことになると思いますので、１つ１つにマニアックな部分まで詳しくなる必要はありません。まずはウェブ上で分かる範囲で良いので、製品の特徴、お客様が何を求めて購入するか、ターゲット層、使用方法など、ライバルページを見てわかることぐらいは、情報を収集しておくことが重要です。お勧めのリサーチ方法としてはライバルページの販売画像をよく見る、レビューを読み込むなどを行い、該当商品に関するブログやネット情報を見るのが良いです。例えば、スニーカーの紐を販売する場合、（スニーカー紐 選び方）と Google で検索すると、スニーカーの紐に関しての詳しい内容を解説してまとめられたページがたくさん出てきます。そういったページを見るのに１サイトあたり５分もかかりません。ライバルの画像やレビュー、そしてサイトをいくつかチェックすると多くのことは把握できますし、時間もあまりかからず効率的に情報収集できますので、お勧めします。

Google
スニーカー 紐　選び方
画像
ショッピング
動画
ニュース
地図
書籍
フライト
ファイナンス
約 2,910,000 件 （0.41 秒）
washington-shoes.co.jp
https://www.washington-shoes.co.jp › ホーム › 靴コラム
靴ヒモを買うときの３つのポイント！買い方、選び方 | Parade
2017/01/22 — 靴紐の長さは55cmから150cmのものまで一般的に目にすることができます。 55cmほどのものはおおよそ靴紐を通す穴が2, 3穴しかないものです。 140〜150cm ...
SAKIDORI
https://sakidori.co › ファッション
靴紐のおすすめ16選。スニーカーや革靴にあうおしゃれな ...
2022/11/03 — そこで今回は、靴紐の選び方やおすすめのアイテムをご紹介。選び方についてもあわせて解説するので、ぜひ参考にして手持ちの靴に合う靴紐を探してみて ...
靴紐の選び方 · 靴紐のおすすめ｜スニーカー向け · 靴紐のおすすめ｜革靴向け

靴紐の形状として、基本的なものは2種類あります。
平紐と丸紐です。
平紐
平紐は解けにくいのですが、紐自体の強度は低め。
カジュアルな印象で主にスニーカーで使われます。
丸紐

② ターゲットを理解する

みんなに刺さる画像にしようとすると誰にも刺さらない画像になります。ですので、まずはターゲットが誰なのかをリサーチの時点で把握して決めておきます。ライバルページのレビューなどを読みこめば短時間でリサーチ可能です。そして狙うべきペルソナを決めてそのペルソナに絞った訴求をしていくことをお勧めします。絞るというのは勇気がいるかもしれませんが、小さい会社や個人ほど絞って訴求しないと大手には勝てませんので、ターゲットを理解してターゲットを絞りペルソナを設定したら、そのペルソナに刺さる画像作りをしましょう。

商品のターゲットを決めた時に、ターゲット層が自分と大きく異なる場合、例えば、あなたが50代男性だとして、授乳ブラを購入されるお客様の気持ちはわからない可能性が高いです。そんな時は主観で訴求内容などを決めずに、実際に長期間売れているページを分析したり、家族や友人でターゲットに近い人に話しを聞くのも1つの手です。

③ ライバルと必ず比較する

いざ画像を作ろうとしてもどの基準で作り、作った画像が正解なのか不正解なのかの判断が難しいと思います。そこで、画像の基準を確認する方法と、作った画像を客観的に冷静に良し悪しを判断する方法をお伝えします。

画像のクオリティの判断ですが、これはあなたが作る画像のクオリティ以上に周りのライバルとの比較で良し悪しが決まります。ECモールでの販売はライバルと必ず比較されます。ライバルと比較されてお客様に「気になる」とか「良いな」「わかりやすいな」と思っていただいて、注文していただく必要があります。ですので、あなたが見て良いと思うか？　ではなくて、お客様が見てどう思うか？　が重要ですので、その視点を忘れないようにしてください。

どんな画像を作ろうか？　と考えるときに、まずは売れている販売ページをチェックして、売れている販売ページの画像がどんなものなのか把握しましょう。

また、Yahoo!ショッピング内にピンとくる画像が見当たらない場合は、楽天など他の販路でも売れ筋のページをチェックするのがお勧めです。

画像の中でも特に重要なのが１枚目の「サムネイル画像」です。検索時にサムネイル画像が表示されるので、サムネイル画像をクリックしていただけないと他の画像を見ていただけません。また、検索SEOが上位になってもサムネイル画像が悪いとクリック率が悪くなり、非常に損をします。サムネイル画像は、アクセスにも購買率にも影響を与える最重要な部分です。

また、ヤフーの公式情報によると「お客様は平均的に５商品の中から注文する商品を選ぶ」というデータもあるので、サムネイル画像のレベルが低いとその５商品に選んでもらえる確率が下がるので売れなくなってしまいます。サムネイル画像は商品ページの入り口であり生命線です。

ですので、サムネイル画像をレベルの高い状態にすることが非常に重要なわけです。しかし、自分で判断しても競合と比べて基準が高いかどうかわからないことがあると思います。そこで、先ほどお伝えしたように同じ市場で売れているライバルとの比較が必要となります。Yahoo!ショッピングでは通常、検索時のSEOを上げて販売していくわけですから、メインキーワードで検索した時のSEOが高い商品と比べるのが良いです。

具体的には商品のメインキーワードを入れて検索して「おすすめ順」の上位にある、レビューが多いページや、明らかに画像のレベルが高いサムネイル画像をスクショして保存していきます。7枚ほど保存するのがおすすめです。

自社のサムネイル画像の初稿が完成したら、保存しておいた競合のサムネイル画像7枚と並べます。以下のように合計8枚が同じサイズで並んでいる状態にします。

これで準備完了です。準備できたら自社の商品がどれとは言わずに

なるべくターゲット層に近い人に見せます。子持ちママ向けの商品なら、あなたが既婚者でお子さんがいらっしゃる場合は奥さんに聞いたり、親戚や知り合いに聞いたり、子持ちのスタッフや外注さんに見せてください。ネット販売で使用する画像ですので直接会わなくても、LINEやオンラインで聞いていただければ大丈夫です。

そして、聞き方のポイントとしては「この中でクリックしたくなるのはどれですか？」とか「販売ページを見たくなるのはどれですか？」「気になるのはどれですか？」と聞いてください。

あくまで目的は画像が素敵かどうかということじゃなくて、興味を持ってクリックされることなので、そのように聞いてください。

ポイントは、ターゲット層に近い人に聞かないと意味がないということです。男性の筋トレ器具を売るとして、60歳の母親に聞いても意味がないですよね。そして、複数人に聞くのがいいです。

選んでもらったら、なぜそれを選んだのか理由を聞くと良いです。自社の画像が選ばれなかった場合も、なぜ自分の画像ではなくてその画像が良かったのがリアルにわかります。

ビジネスではあらゆる場面でこのように、客観的に判断する癖をつけましょう。販売ページを作るときや、商品リサーチのとき、訴求を何にするかを決めるとき、いろんな場面でお客様目線で決めていくことが大事です。

もちろん、身近に対象者がいない商品であっても、きちんと調べることで商品をお客様目線で理解していくことは可能です。実際にターゲット層と話すのが１番ですが、ターゲット層の読む雑誌を見る、ネットや本で調べて勉強する、実際に販売してレビューやお客様の声を拾い試行錯誤を繰り返す。そうしていけばお客様の気持ちはわかっていきます。

たいていのセラーは、ろくに分析せずになんとなく自分の価値判断で売ろうとするから失敗するのです。

まずはサムネイル画像だけでも客観的にターゲット層に選ばれるクオリティにする努力をしてみてください。そこをクリアするとヒット商品になる確率がグンと上がります。売上を大きく左右する部分なので、ここをおろそかにしないで、真剣に調査して取り組んでください。

④ 文字よりも画像で伝える

2023年Yahoo!ショッピングで大きなガイドライン変更がありました。画像ガイドラインの変更です。１番インパクトの大きかった変更点としては「商品画像内のテキスト要素を20％以内に抑える」というもの。これまでは、自由に表現可能だったYahoo!ショッピングのサムネイル画像は大きく変化が必要となりました。

ただ、これはYahoo!ショッピングに限ったことではなくて、楽天もそうですし、ネット広告などでも多くの企業がテキストを減らす取り組みを進めていますので、長期的な目線で見るとマイナスではなくプラスの要素が大きいと感じています。

現在ではビジネス書も数多く漫画化しているように、あまり文字を読みたがらない方が増えています。本書を読んでいただいているあなたや僕のように文字の本が読めるタイプだと、ネットで何か注文するときも文字情報をしっかり読んだり、画像に書かれている情報もきっちり読むことが多いかもしれません。しかし、実際にネットユーザーは文字を読みたがらなくなってきていますし、文字が少なくても伝わる画像を意識して作りましょう。

そして、Yahoo! ショッピングでは注文されるお客様の８～９割がスマホからの注文です。PC で注文されるお客様はかなり少数派なのです。つまりスマホで注文いただくことを前提に販売ページも作り込む必要があります。もちろん画像もスマホで見ていただく前提で作ります。具体的に言うと小さすぎる文字だと読めなかったりしますし、長文が書いてあっても PC で見る時以上に読みにくいのです。

ですので、ネット販売においては文字をメインに伝えようとするのをやめましょう。新しい Yahoo! ショッピングの規約通り、サムネイルはテキスト２割以内にして、スマホの画面でお客さんが見やすいようにサブ画像もなるべく文字を減らしても伝わる画像にしていく必要があります。もちろんどうしても伝えたいメッセージや訴求もあると思いますのでそういった時は、太めの見出し文字を上部に入れて、説明の文字を添える形にするなど工夫しましょう。

⑤ 短時間で伝える工夫

お客様は商品ページをじっくり見てくれません。平均して１ページ内を数十秒しか見ませんので「短時間で伝える工夫」が必要です。短時間で伝える工夫とは、訴求する内容は１枚１訴求を意識する。信用性を上げるために口コミや実績などパッと見で信用獲得に繋がる要素を入れるなどが有効です。

迷わずに決断していただくために１枚１枚の画像のメッセージやベネフィットを瞬時に伝わるようにします。お客様が疑問に思うことはないか、お客様目線で考えて、伝えるべきことを埋めていくのが有効です。そうすることにより、お客様から「他の商品」という選択肢を無くしていくことができ、あなたの商品を買う決断をしていただけます。

また、サブ画像に関しては統一感も大事になります。お客様はスマホで見る時に、１枚目の画像からスライドして見ていきます。その時に統一感のないバラバラのイメージやいろんな色がぐちゃぐちゃに使われていたりすると見る気がなくなってしまいます。販売ページから意識がそれてしまいます。ですので、１枚目から最後までの画像までの統一感も大事ですので、流れるように見ていき違和感がないかを意識して完成させましょう。

⑥ 丸投げしない

画像を自作せずに外注さんやプロに依頼すると聞くと、じゃあ画像加工のうまい人に任せておこう！と丸投げしてしまう方がいます。しかし丸投げだとうまくいくことは少ないです。すでにお伝えした通り、画像加工のプロは画像のプロであり、マーケティングのプロではないからです。ですので、丸投げではなくて、あなたやスタッフなどがライバルや顧客を調べて、この後にお伝えするような売れる画像構成に沿って画像を依頼する必要があります。

初めての頃は画像加工さんとの意思疎通も大変ですが、徐々に多くを伝えなくてもこちらの意図を読み取っていただけるようになったり、簡略化していけます。最初は面倒に思うこともありますが、１枚目はこんな画像、２枚目はこんな画像と構成を作り、細かい部分まで画像加工さんへ伝えるようにしてください。

⑦ テストマーケティング

画像を依頼して作っていくのですが、資金や経験が豊富な人以外はまず少なめの枚数だけ作る方が良いです。というのも、画像を作ると「費用」と「時間」がかかります。画像をしっかり作っても、参入のタイミングが悪かったり、競合に勝てずに、売れなかったり利益が出ない商品が必ず出てきます。例えば、30 商品を発売して 30 商品全てを黒字化して売り続けていくというは不可能に近いです。ですので、まずはなるべくコストを抑えた上で発売を開始して、売れる可能性の高い商品や利益が多く取れそうな商品を探っていきます。より多くのリターンが得られそうな商品にリソースを注ぎます。

そうすることで無駄なく限られたリソースを最大限に有効活用することができます。最初から、フルマックスで画像を全商品に作っているとものすごく「費用」と「時間」をかけてしまうことになるので、10 枚以下の必要最低限の画像の枚数だけを用意して販売開始しましょう。売り出しの時は通常より安くして売り出すので、画像が 10 枚以下であっても売れていきますし、売れるかどうかのテストマーケティングには十分です。発売開始して SEO が上がってきたタイミングでで画像の枚数を増やすようにしていくと費用対効果が良いですね。なお、資金も経験も豊富な人は高確率で商品を軌道に乗せて利益回収できますので最初から画像も完璧な状態にしていただいて大丈夫です。

売れる画像の“最強の構成パターン”

ここからは実際に「売れる商品ページ」の構成をお伝えします。LPや販売画像にはいろんな型がありますし、お伝えする内容が全てではありません。ただ、私はこの数年間の間に数多くのテストを繰り返し、クライアントの添削を含めると1000ページは関わってきています。数多くのテストやアドバイスを繰り返して完成した成功パターンをお伝えしますので、上級者の方以外はそのまま参考にしていただければと思います。

当然ながら全商品に当てはまる完璧な構成などは存在しませんので、商品によっては構成や順番を変えたり削除したりする必要が出てくることがあると思いますので、その点はご了承ください。なるべく多くの商品で効果が高まる構成を選びましたので、まずはそのまま参考にしていただき、徐々にアレンジしていくのが良いと思います。

【売れる画像の“最強の構成パターン”】

① サムネイル
② 信用性／権威性
③ お客様の声
④ 問題提起
⑤ 解決策／ベネフィット
⑥ 機能／概要
⑦ 開発秘話／ストーリー
⑧ おさらい

⑨ 保証／他社と比較／その他
⑩ 緊急性

① から ⑩ までそれぞれ解説していきます。

① サムネイル画像（トップ画像）

サムネイル画像をクリックされないことにはページを見ていただけないので最も重要な部分になります。ですので、サムネイル画像の目的は綺麗な画像を作ることではなくて「クリックしたくなる画像」を作ることを意識しましょう。

Yahoo! ショッピングでは 2023 年の５月から画像ガイドラインの変更があり、制限が増えました。今までは自由に表現できたのでゴチャゴチャした派手なバナー付きの画像が主流でしたが、変更後はテキスト２割など制限が増えシンプルが主流になりつつあります。

表現しにくくなったので「Yahoo! ショッピングは画像ガイドラインの改悪で売れなくなる」と不安を持たれている方も SNS では多かったですが、世界標準に近づいています。Facebook 広告などでもテキストの制限が増えたり、色んなネット広告などで同じ動きは数年前からあり、これはネットユーザーの文字離れによるものです。

特に滞在時間の限られている物販の販売ページでは長い文章を書いたところで読む人は少ないので、サムネイル画像もそれを反映させて主に写真の部分で勝負することになります。限られたテキスト部分にはキャッチコピーを入れたり、ランキング１位取得後にアピールしたりするのが有効です。

② 信用性／権威性

商品を販売するときは「信用」を獲得することが非常に大事です。昨今、商品レビューが大事になってきたことも信用の重要性が上がってきたことを示すものですよね。基本的には、みんな良い部分をアピールしようとするので、大事になるのはアピールしていることが信用できる内容なのかどうかが大事です。この部分が強いとその後の解決策／ベネフィット画像の伝わり方が変わってきます。

例えば「このサプリは健康にいいですよ」と知らないおじさんに言われるのと、白衣を着た○○医院のお医者さんに同じことを言われるのでは、全く同じサプリであっても伝わり方が全然違いますよね。信用性や権威性は非常に有効になります。

まだ販売歴が浅いと、販売実績とかメディアに取り上げられたとか、数多くのレビューのアピールとか、そういったアピールはできないことも多いですが、手っ取り早く信用性を高めるのにお勧めなのは「ランキング１位」があります。小さなカテゴリで良いので１位を獲得してそれをアピールするのです。

また、ランキング１位もアピールの仕方によって効果が変わります。ランキング１位のアピールで伝えたいことは「こんなに売れている商品なので安心ですよ」ということなので、より売れている感が伝わる方が効果が高くなります。

③ お客様の声

ここも信用に繋がる部分ですが、販売して少し経過したらすぐに使える方法です。お客様からいただいた商品レビューを抜粋して掲載します。この時に大事なのは評価が高いものを並べるだけではなくて、こちらが訴求したい内容やターゲット層のベネフィットになるような内容が書かれているものをピックアップすることです。例えば、自転車のサドルを販売している場合「配送も早く特に不良もなかったのでいい感じです」というレビューより、「とてもクッション性が良くてお尻が痛くなくなりました！今までで1番気に入りました」みたいなレビューの方が有効ですよね。ただ単に高評価レビューを並べるのではなくて内容を厳選するようにすると更に有効となります。

④ 問題提起

良く売れる商品というのはほとんどの場合、何かしらの悩みを解消する商品が多いです。マスクも、ブラジャーも、iPhone フィルムも「何かを解消するために」お客様は購入します。そして販売者はそこを解消したり解決に導く商品を用意して画像でアピールするわけなので、悩みを明確化しておくと次の項目の「解決策／ベネフィット」がより有効に効いてきます。逆に言うと、悩みがほとんどないような商品というのは集客力や認知度、価格の安さなどの勝負になりがちなのでお勧めできない商品です。例えばボールペンとかを販売しても、多くの人は無名の商品より認知度が高く安心の JETSTREAM を選びますし、履き心地が良いだけの靴下を販売しても「ユニクロの方が安心だし困ってないからいらないよ」ってなりますよね。でも、例えば靴下の場合「外反母趾の方へ向けた靴下」だったらどうでしょうか？それなら需要があるなら販売画像の訴求次第で売上が大幅に変わりますよね。悩みの解決に導ける商品は画像の効果が強いです。

⑤ 解決策／ベネフィット

「問題提起」で伝えた悩みの解決策をアピールしていきます。この画像だけは必ずどの商品でも載せるようにしてください。それぐらい重要です。ベネフィットとは、顧客が商品を購入した際に得られる「満足感」「充実感」「快適感」などのことをいいます。その商品を手に入れることで得られるお客様の「喜び」や「満足感」などを伝えることです。先ほどの外反母趾の靴下の場合だと、「外反母趾に良いですよ」だと効果は薄いですが、「内側に曲がった親指を自然な角度にし辛い痛みを予防します」だと悩まれている方には伝わりますよね（※訴求の表現に関しては薬機法などに注意しながら誇大広告違反をしないように注意してください）。解決系の商品じゃない場合、例えばカバンや財布を売る場合であっても、なるべくその商品のベネフィットとなる部分は伝えるようにしましょう。

⑥ 機能／概要

信用やベネフィットを伝えたら、その商品の概要もきちんと伝えます。結局どんな商品なのかどんな機能や特徴があるのかしっかり伝えるようにして、お客様に疑問を残さないようにしましょう。質問が多い商品はこの部分が弱い可能性が高いです。

⑦ 開発秘話／ストーリー

最初は入れるのが難しいと思いますが、売れてきた商品には開発秘話やストーリーを入れていただくのがお勧めです。物が溢れたこの時代では他社との差別化が難しいです。商品をOEMなどしてオリジナル商品にするなど方法はありますが難易度は非常に高く、コストも物凄く高くなりますので上級者向けとなります。そこで有効になるのがストーリーです。その商品を売っている理由や、その商品の過程のストーリーをアピールすることで他の類似商品とも差別化に繋がりますし、ちゃんとこだわって販売している商品なんだなと伝わります。

⑧ おさらい

お客様に手間をかけないように、おさらいの画像を載せておきましょう。例えば、バリエーションが多い商品であれば、バリエーションを１枚の画像で見れる画像など。タイパ（タイムパフォーマンス）という言葉が流行しましたが、ヒット商品に導いていくためには「お客様の手間や時間」をいかに省けるかも大事です。

数十秒しか見てもらえない可能性が高い販売ページなので、少しの手間であっても省かせていただく意識を持ちましょう。

⑨ 保証／他社と比較／その他

Amazon と違い、Yahoo! ショッピングでは保証が充実していない店舗が多いです。お客様にとっては「この商品買って損しないかな」と多くの人が思う感情ですので、保証を付けることは非常に有効です。画像でもアピールしましょう。また、その他に「他社との比較画像」や「配送面のアピール」「カスタマーのアピール」など細かい部分であっても他社との差別化要素になりますので伝えるようにしましょう。

⑩ 緊急性

最後に緊急性です。これは売れてきた商品でないとアピールしにくい部分にはなりますが、お客様にすぐに行動していただくために有効なアピールとなります。もちろんアピールすれば良いわけではなく、本当に売れているからこそ伝わり有効になるので嘘はやめましょう。EC モール以外だと、「〇〇個限定」とか「〇〇時間限定」とかをアピールしている販売 LP もよくありますが、EC モールの場合は個数限定とか時間限定は対策もアピールも難しいので「注文殺到」や「在庫切れになることがあるアピール」などが有効です。

「売れる画像」簡単作成"最強テンプレート"

【実証済み】
"最強の画像構成パターン"

- ① サムネイル（トップ画）
- ② 信用性/権威性
- ③ お客様の声
- ④ 問題提起
- ⑤ 解決策/ベネフィット
- ⑥ 機能/概要
- ⑦ 開発秘話/ストーリー
- ⑧ 内容/バリエーション等のおさらい
- ⑨ その他アピール
- ⑩ 今だけという訴求

Yahoo! Shopping Program © 奥田塾

副業で月商 500 万円を達成されたＹさん

副業で輸入物販を行うと失敗する人も多いです。しかし、副業でも月商 500 万円以上を達成される方もいます。私は副業の方だけでも今まで 100 名以上に個別指導してきました。副業で成功した人が実践して効果のあったことが以下になります。

- 「副業だから稼げない」という言い訳を捨てる
- 今の生活の本当に嫌なことを書き出す
- アプリゲームをやめる
- SNS の観覧や LINE は時間を決めて行う

- 休憩時間や通勤時間を活用する
- １日１時間でいいから継続する
- 会社の残業をできるだけ減らす
- 積極的に外注化する
- 量で勝負せず、やることを絞り質で勝負する
- 安定収入があるからこそ長期的戦略を重視

副業だから不利な点ばかりではなくて、本職の収入があるからこそ、長期的な戦略を取れるとか、外注化に先行投資できたりします。ですので、まず不利という考えを捨てましょう。

あとは、継続するモチベーションが非常に重要になるので、ポジティブな目標だけでなく、ネガティブから抜け出す目標も活用しましょう。例えば、満員電車に一生乗らなくてよくなる、うっとうしい上司とさよならできる、少ないお小遣いに我慢しなくていい、混んでる土日祝以外に平日にも自由にお出かけできる、「iPhone 高いし欲しいけどやめよう」と思わなくていい、など。ネガティブパワーはポジティブ以上に大きい効力があるので、今の生活で我慢していることやストレスが強いことから抜け出す日々を目標にすると効果的です。

受講生のＹさんは上記のことなどを取り入れて副業にも関わらず、先日、月商 500 万円を達成されました。彼は本職を辞める気がなく、両立していきたいと希望されているので、今後は利益率や安定面をアップさせてよりより状態になられると思います。

副業というと不利なイメージはありますが、外注化をしながら取り組めばきっちり売上を上げていくことはできます。もし、仕事がブラッ

クな環境で副業に取り組む時間や体力が全然ない場合は、将来のことを考えて、転職や残業を減らせないか検討されることをお勧めします。

6月8日 20:42

ご無沙汰しております。

報告出来ていなかったのですが、4月度の売上が500万を超えることができました。
副業で500万達成できるとは全く思っていなかったので、予想以上の結果です。

5月度も500万に近い数字となっていて、400-500万が安定して、
かつ1日の稼働時間も30分程度で400万程度は維持できる状態になってきました。仕入れが安定しているので、キャッシュもかなり増えてきた感覚があります。

何もしないでこの状態は維持できないのと、利益率はまだまだ改善出来る余地あると思っているので、新商品をいれて商品を回転させつつ売上の維持向上と利益率の改善を進めたいと考えています。

現状維持は衰退なので、今やっていることはキープしつつ、新しいチャレンジも入れていきたいと思っています。

第7章

お客様の
8割を集めるための
「SEO」対策

SEO が失敗すると全てが台無しになる

Yahoo! ショッピングにおける販売を成功させるには、あなたの商品ページをお客様が発見し、注文まで至る経路をしっかりと理解することが重要です。リサーチの章でもお伝えしたように、Yahoo! ショッピングでは大半のお客様が検索を利用して商品を探します、そこから見つけた商品を選び、最終的に注文へと進むというパターンが圧倒的に多いのです。

つまり、商品の主要キーワードで検索した時に上位表示されていないと売上が期待できないということになります。主要キーワードで検索結果の１ページ目に表示させることは必須であり、できるだけ高い検索順位に表示させるべきです。商品が目に止まる位置に表示されなければ、いくら良質な商品やページを用意しても、販売の機会を逃してしまいます。

具体的には、ユーザーが商品を探す際に一番よく用いる検索結果のデフォルト設定である「おすすめ順」で、商品が上位に表示されるか否かが、その商品の売れ行きを左右します。「おすすめ順」での上位表示は、Yahoo! ショッピングでの販売成功の最重要要素の１つと言えます。

商品のリサーチや販売ページの作成がしっかりと行われていても、それらを最大限に売上につなげるためには、SEO 対策が不可欠です。いくら他の作業を頑張っても、SEO 対策が十分でなければ商品は売れません。売れないと嘆いている多くの方々が、SEO 対策をほとんど行っていないのです。この章でSEOについて学び、商品を意図的に売れるようにしていきましょう。

Yahoo! ショッピングで上位表示を獲得する４つの要素

繰り返しになりますが、Yahoo! ショッピングでは大半のお客様が検索を利用して商品を見つけ注文されています。これは、検索結果ページでの表示順位が、集客および売上に直結することを示しています。

まず、肝心なのは商品の主要キーワードで「おすすめ順」の１ページ目に表示させることです。１ページ目であってもアクセス数は伸びないことがあるので、可能な限り競合の中で１番上位にすることがポイントです。

「おすすめ順」の表示順位は、様々な要素が組み合わさって決定されます。それらの要素には、商品の関連性、注文回数、購入者数、販売個数、商品のレビュー、ストアの評価数、PRオプションの設定率などが含まれています。これらはYahoo! ショッピング側が機械学習を通じて最適化し、ユーザーが商品を探しやすいように調整されています。

複数の要素が絡んでいますが、「おすすめ順」での上位表示を実現するためには、以下の４つの要素が特に重要となります。

【商品情報の最適化】

商品名、カテゴリ、キャッチフレーズ、商品詳細等を最適に設定することが重要です。適切なキーワードを設定し、正しいカテゴリに登録しましょう。

【販売実績の向上】

売れている商品は信頼性が高く、表示順位も上がります。販売実績のない商品については、価格を下げて売上を増やすか、アイテムマッチなどで商品の露出を高めて実績を作る必要があります。

【PR オプションの設定】

PR オプションを設定することで、料率に応じて検索結果の上位表示が可能になります。

【アイテムマッチの設定】

オーガニックの検索順位とは違い、飛び道具的な要素にはなりますがアイテムマッチは検索最上位に表示させることができる広告です。ただし、１クリックあたりの費用が高いので低単価な商品の場合は費用対効果が悪く使うことが困難な場合もあります。

表示順位に影響を与える要素は、上記の４つ以外にも多く存在しますが、これら４つは比較的早急に実施可能な対策であり、その効果も高いです。特に商品情報の最適化や、販売実績を増やすという部分はページの設定や初期段階に価格を下げる等で誰でも実施することが可能ですので、まずは売上を増やさないと SEO は上がらないと理解しておきましょう。PR オプションやアイテムマッチ広告に関しては、第８章で詳しくお伝えします。

加えて、直接的な SEO の要素以外にも、サムネイル画像の質や競合商品との競争力など、それら全てが連動し、相互に影響を与えます。これらを踏まえながら、SEO の戦略を練っていくことが重要となります。

集客の鍵を握るSEO「キーワード対策」７ステップ

Yahoo! ショッピングにおいてキーワード対策は特に重要です。販売ページにおいて画像は最重要と説明しましたが、その画像を顧客に閲覧していただくためには、まずキーワードを中心とした集客の動線が必要となります。

Yahoo! ショッピングにおいて集客の要となるのは検索経由ですので、顧客を集めるためには販売ページにキーワードを適切に設定する必要があります。このため、「キーワード」はアクセスを集めるための重要な要素となります。本章では、キーワード戦略について詳しく解説していきます。

多くの物販業者が「キーワードはきちんと設定しています！」と主張しますが、残念ながら大多数がキーワード戦略を誤解しています。キーワード戦略とは、ただ単にキーワードを無作為に集め並べることでもなければ、競合他社のキーワードを無闇に模倣するわけでもありません。

キーワード戦略において最も重要なのは、あなたが販売する商品に関連するキーワードをどれだけ顧客目線で考え設定できるかです。

ここからは、キーワード戦略を成功させるための７つのステップを、解説していきます。

「キーワード対策」７ステップ

① 関連キーワードを集める
② 関連検索ワードを調べる
③ 検索ボリュームを調べる
④ メインワードを決める
⑤ 商品タイトルを決める
⑥ 不要なキーワードを削除する
⑦ 検索対象枠に使うキーワードを決める

1つずつ解説していきます。

① 関連キーワードを集める

まずは商品に関連するキーワードを集めます。類似商品の「おすすめ順上位」や「ランキング上位」のページのタイトルを見ていただくとそれだけでもかなりのキーワードを集めることができます。そのままタイトルをメモしておくと良いです。ライバルのタイトルのキーワードを集めていると重複しているワードもいくつも見えてくると思います。それが重要なワードになる可能性が高いです。

② 関連検索ワードを調べる

そして上位のライバルがタイトルに入れていて、なおかつタイトルの序盤に入れている確率が高いものを抜粋します。

例えば、デスクで使うライトだと、デスクライト…から始まる商品タイトルが多いとわかってきます。メインのキーワードがわかってきたら、次にYahoo!ショッピングで検索します。例えば「デスクライト」と入れ検索します。

すると関連検索ワードがずらりと表示されるので、それをごっそりメモしておきます。関連ワードに表示されるものは検索したキーワードと合わせてよく検索されているキーワードになりますので、取り扱い商品と関連のあるワードは必ずメモしておきましょう。私はよくスクショを撮ってウェブのメモに載せておきます。ライバルのタイトルからの抜粋と、関連ワードでの抜粋で多くのキーワードが集まるはずです。

③ 検索ボリュームを調べる

集めたキーワードを関連のあるものに厳選したら、メインどころとなりそうなキーワードの検索ボリュームを調べていきましょう。検索ボリュームは「キーワードプランナー」や、「アラマキジャケ」などのキーワード検索数ツールで調べることができます。この時の注意点は単発のキーワードだけでなく、組み合わせのキーワードも見ておいてください。例えば「デスクライト LED」のような感じです。それをメモしていくと明らかに検索ボリュームが多いキーワードと、少ないキーワードがわかります。ここで調べたものはタイトル以外にも使用するのでタイトルに使わないキーワードも残しておきましょう。ポイントは、ある程度タイトルを仮で決めてから検索すること、そして、仮に調べたキーワードがボリューム０だった場合はタイトルから外すのが無難です。ただし、Yahoo! ショッピング内で調べた関連検索ワードは優先的に使いましょう。

④ メインワードを決める

ここまで調べていくと、主要キーワードの中から１番大事なキーワードが見えてくると思います。それをメインキーワードに設定して、タイトルの１番重要な左端、つまり先頭に入れます。ほとんどの場合は検索ボリュームが多いキーワードか、ライバルが１番タイトルに使用しているキーワードが、メインキーワードになることが多いです。当たり前ではありますが、ただ単に検索ボリュームが多いキーワードではなくて、関連性の高いキーワードを優先しましょう。先ほどのデスクライトの例だと、検索ボリュームが「デスクライト」より「LED」の方が多かったとしても、その商品の特徴はデスクライトなので、メインキーワードはデスクライトになります。お客様の気持ちで考えた時にデスクライトが欲しくてLEDとは検索しないですよね。ただ、デスクライト LED という組み合わせなら検索しますよね。ですので、デスクライト LED という並びでタイトルを決めていくイメージです。

⑤ 商品タイトルを決める

例えば、「デスクライト LED」のように、検索する可能性の高いキーワードや、別の言い方で検索する可能性のあるキーワードを考慮し、これまでに調査した検索ボリュームや競争相手、関連検索ワード等を参考にサブキーワードを選定します。タイトルのキーワードに関してはいろんなルールがあるので解説します。

「キーワードの組み合わせでSEOが変動する」

Yahoo!ショッピングでは、タイトル内のキーワードの位置も重要です、序盤に配置したキーワードの方が影響が大きいからです。例えば、2番目のキーワードは6番目のキーワードよりSEOへの影響力が大きいです。例えば、「デスクライト LED」という検索順で上位を取りたい場合、「デスクライト コードレス LED」の順番よりも「デスクライト LED コードレス」の方が有効です。これはキーワードとキーワードの距離が近い方がより強力になるアルゴリズムがあるからです。逆にコードレスのデスクライトということをウリにした商品の場合は「デスクライト コードレス LED」の順番が良いこともあるわけです。

「タイトルが長すぎると減点される」

タイトルが長すぎるとSEOに影響する商品スコアが減点される場合があります。厳密なアルゴリズムは未公開ですので明確に何文字が良いとは言えませんが、登録しているカテゴリの商品を取り扱うライバルページのタイトルの平均値が良いとされています。同じカテゴリのライバルページのタイトル文字数を確認しましょう。上位ライバルの平均値ぐらいにしておくと無難ですね。

「記号を入れると減点される」

以下の記号はタイトルに含めると減点となるため、使用を避けてください。

【】◆《》■＜＞ ♪○◎ ※◇○□△▲▼▽ [] ！！★☆

これらの記号は減点になるので入れないようにしましょう。

「キーワードとカテゴリの名称がマッチすると加点される」

設定したキーワードと、登録したカテゴリの名称がマッチすると加点になると言われており、これは実際にテストしましたが効果を感じられました。カテゴリは正式名称「プロダクトカテゴリ」という名称で商品登録の際に選択して登録します。その際に適したプロダクトカテゴリに登録するようにしましょう。

例えば、「メンズファッション系の手袋」を発売する場合、

ファッション＞メンズファッション＞財布、帽子、ファッション小物＞手袋

のプロダクトカテゴリに登録して「手袋」というキーワードを入れるのが有効となります。しかし、同じ手袋でも、作業に使う「すべり止め手袋」を発売したい場合は、登録するべきプロダクトカテゴリが異なります。

仮に作業用の手袋を発売する場合は、

DIY、工具＞業務、産業用＞制服、作業服＞作業用手袋＞すべり止め手袋

のプロダクトカテゴリに登録して、「滑り止め手袋」というキーワードよりも「すべり止め手袋」のキーワードがより有効とされています。

⑥ 不要なキーワードの除去

商品と関連性の低いキーワードは除外していきましょう。たまに商品説明欄にランダムにキーワードを列挙しているページがありますが、適切な方法ではありません。そのようなページは、視覚的にも不

快で、信用を落とすだけでなく、購入に繋がらない不要なアクセスを集めます。購買率が下がり、広告をかけた時には費用対効果が悪くなり悪影響となりますので、適切なキーワードのみを採用しましょう。

除外すべきキーワードは、商品と関連性のないキーワードや、検索ボリュームがないキーワードで､かつYahoo!ショッピングの関連ワードにも表示されないキーワードです。例えば、ファッション用の手袋を販売するのであれば、軍手というキーワードは必要ありません。ただし、滑り止め機能付きの手袋を販売しているのであれば、滑り止めというキーワードは入れるべきです。誤解を招く可能性があるキーワードや、注文に繋がらない不要なキーワードは避けましょう。

⑦ 検索対象枠に使うキーワードの選定

商品に適したキーワードを選定した後、それを検索対象となる場所に配置しましょう。Yahoo!ショッピングでは、ページ内で特定の箇所がキーワードの対象となっています。その箇所に適したキーワードを入れていきます。具体的には､「商品タイトル」､「キャッチコピー」､「商品情報」の項目にキーワードを挿入します。タイトルについては既に説明しましたので、残りのキーワードは「キャッチコピー」および「商品情報」に配置しましょう。

「商品情報」にキーワードを挿入する際には、ただ単に列挙するのではなく、説明文の中に自然に散りばめるようにしましょう。商品と関連があるキーワードであれば、自然な流れで配置することが可能です。

販売ページ以外の４つのSEO対策

Yahoo!ショッピングでのSEO対策としては、販売ページのキーワード対策以外にも準備が必要です。具体的には、以下の４つの要素「プロダクトカテゴリ」「優良配送」「優良ストア」「レビュー」がSEOに大きく影響を与えます。１つ１つ解説します。

① プロダクトカテゴリ

商品を適切なカテゴリに設定することで、キーワードに応じて検索時に上位表示されやすくなります。また、一部のお客様はカテゴリから商品を探すことがあるので、その点からもアクセスに繋がる大事な要素となります。どのカテゴリに設定したらいいかがわからない場合は、まずは売れている競合を参考にしてみてください。

② 優良配送

商品の配送スピードに対して年々お客様の意識が高まっています。顧客の満足度にも大きく関わります。そして、Yahoo!ショッピングでは優良配送と認定されている商品かどうかがSEOに大きく影響します。Yahoo!ショッピングは配送面を強化しているため、提携するヤマトフルフィルメントを利用すると自動的に優良配送が認定されSEOで有利となります。

③ 優良ストア

一定のストアパフォーマンスを満たしているストアには優良ストアが認定されます。優良ストアもSEOに影響を与えます。Yahoo!ショッピングでは優良ストアになるための基準を公開しています。ストアクリエイターのストアパフォーマンスという項目で確認できます。顧客対応、レビュー、配送などの対応が数値化されていて、一定の基準をクリアすることで優良ストアと認定されます。

④ レビュー

レビューはSEO対策において非常に重要な要素です。ほぼ全てのお客様は購入前にレビューをチェックします。多くの高評価レビューがあると、信頼性が高まり、結果的に購買率が高まります。Amazonで商品を買うと、よく中国人セラーと思われるショップから「レビューいただければ1000円差し上げます」みたいなメッセージカードが入っていることがあります。そういった行為は違反ですし本質的なテクニックではないなので真似しないでください。ただ、１つのレビューに対して1000円以上の金額を払ってまで高評価レビューを増やしたいセラーがいるという事実は知っておく必要があります。それぐらい価値があるということです。

高評価レビューは、検索エンジンとしても検索順位を上げる効果もあると言われています。ECモール側の立場になって考えると、より良い商品をお客様に販売したいと思うのは当然ですので、良いレビューが沢山入っている商品がSEOで有利になるのは自然です。高評価レビューを沢山いただくためには、ちゃんとした商品を販売するだけでなく、お客様への対応や、そして販売する商品にフォローアップの用紙を入れるなど、レビューを増やす努力をすると良いでしょう。

これらの要素を意識したSEO対策を行うことで、キーワード対策や、この次にお話しするSEOを上げていく行為を行うときに有利となりますので、成功確率を上げるために有利にするために上記も対策できるところから対策していきましょう。

SEOを上げていく２つの方法

Yahoo!ショッピングで商品を発売して、アクセスを集めてSEOを上げていくには基本的に２通りです。逆に言うと、この２つの方法だけはしっかりと理解しておきましょう。

①「安い順」の上位に出す
②「広告」で「おすすめ順」の上位に出す

この２つを必ず押さえておいてください。繰り返しになりますが、Yahoo!ショッピングではほとんどのユーザーが商品を検索して購入します。つまり、商品が検索結果に表示されなければ訪問者は集まりません。検索結果の表示順序のデフォルトは「おすすめ順」に設定されているため、多くの顧客は「おすすめ順」の上位に表示される商品をクリックして購入します。しかし、「おすすめ順」のアルゴリズムでは商品が売れていないと上位に表示されません。

各商品には商品スコアという複数の要素から算出されるスコアが設定されており、そのスコアが高まらなければ「おすすめ順」での上位表示は得られません。スコアの大きな要素は注文件数となるので、売れていない商品は上位表示できない仕組みとなっております。

したがって、新商品を出したり、現在売れ行きが鈍い商品は、その市場での売れ行きが悪いため、当然ながら商品スコアも低いと言えます。商品スコアが低いということは、「おすすめ順」の順位も低く、商品が売れにくい状況となります。商品が売れないと「おすすめ順」

の順位は上がらず、これが悪循環となります。この悪循環を良い循環に変えるためには、まずはアクセス数を増やし、注文件数を増やす必要があります。

売れていない商品にアクセスを集めるためには？

では、まだ売れていない商品ページにどうやってアクセスを集めていくかというと、先ほどお伝えした「安い順」の上位に出すか、「アイテムマッチ」という広告を使います。

中国輸入商品の場合は価格帯が低いものがほとんどになるので「安い順」の上位に出す手法を使うことが有効です。

①「安い順」の上位に出す

まず「安い順」がどういうものなのかご説明します。Yahoo! ショッピングでお客様がキーワード検索した時にデフォルトで表示されるのは「おすすめ順」なのですが、並び順を変更することが可能で「価格が安い順」や「価格が高い順」「レビュー件数順」などに切り替えることができます。

デフォルト設定されている「おすすめ順」よりは劣りますが、一定数のお客様が「安い順」に並び替えて観覧されますので、「安い順」に表示させてアクセスを集めるのは新商品において有効な方法です。ここでのポイントは「おすすめ順」と同じように「安い順」でもやはり上位に出さなければ見る方が少なくなりアクセスが集まりません。

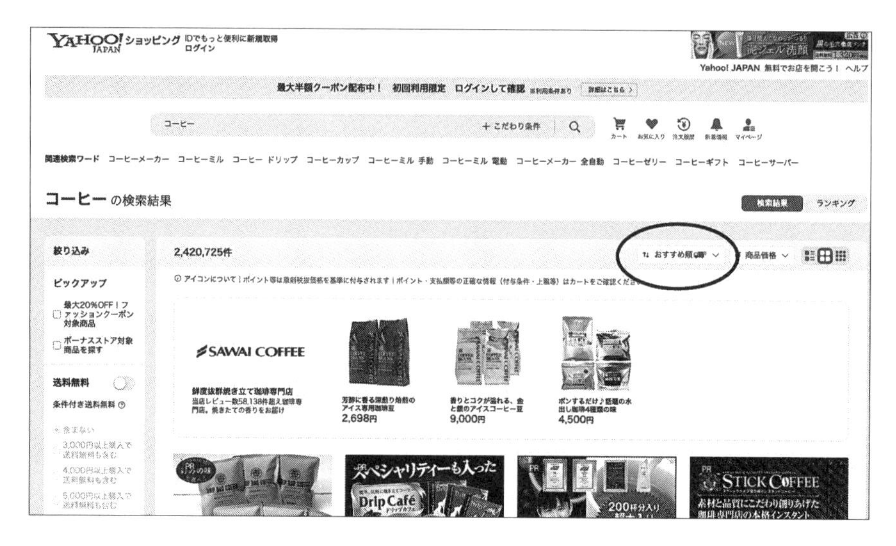

表示順が高ければ高いほどアクセスが集めやすくなります。

「安い順」の上位に出す方法ですが、これはいたってシンプルです。同じキーワードを設定している商品ページの中で販売価格が安いページが上に表示されます。つまり、その名の通り、安い順番で表示されます。

ここでのポイントは２つあります「送料無料」と「優良配送」です。「送料無料」に関してですが、安い順で表示されるので例えば販売価格を１円にして送料1000円みたいな設定であった場合、１円なので１番に表示されたりします。それを狙って、この販売方法にしているページもあるのですが、この手法はやらないでください。お客様のほとんどは送料無料の商品を探すため、Yahoo!ショッピングの検索時にも送料無料ボタンが設置されており、多くのお客様が送料無料の商品を求めるようになっていますので、送料が有料だと検索対象外になることがありますし、販売価格だけ下げてぼったくりのような送料に設定しているのはお客様からするとイメージも悪く、ガッカリしますのでやめましょう。

「優良配送」に関してなのですが、Yahoo!ショッピングでは近年、配送を迅速にするための取り組みに力を入れているので、迅速なお届け方法を設定している商品には「優良配送」というマークが付与されます。これは主にYahoo!ショッピングのヤマトフルフィルメントという配送サービスに登録すると自動的に付与されるもので、検索順位SEOが優遇されます。

「優良配送」は自己配送で宅急便などに設定していても付与させることはできるのですが、確実に毎日稼働してくれる物流サービスであり自社発送での人件費や物流費をコストダウンする意味合いや、仕組み化にも繋げていけますのでヤマトフルフィルメントにお任せしてしまう方がお勧めです。Amazonも長らくFBAという倉庫からの配送サービスを導入していますが、FBA納品商品をプライムマークを付与して圧倒的に優遇しています。Yahoo!ショッピングも将来的に同じ流れになっていく可能性は高いので、配送はヤマトフルフィルメントを一貫して利用するのがお勧めです。

②「広告」で「おすすめ順」の上位に出す

広告を使いSEOを強制的に上げることも可能です。ただし、広告には分析が必要で経験により精度が上がっていく側面がありますので、広告ありきでSEOを上げていく戦略を取るのは初心者にはやや難易度が上がります。ただし広告を使わないという選択肢はないので、少しずつ実践して覚えていきましょう。広告に関しては次の8章で解説しますが、必ず必要になるのが「アイテムマッチ」と「PRオプション」になります。

「アイテムマッチ」はクリック単価式の広告で、「おすすめ順」の最上部などに表示させられるため、とても強力な広告となっておりますが、その反面、売れていないと表示されないことも多いこととクリックされた時点で売れなくても課金される特徴があります。「PRオプション」は商品スコアを強制的に上げることができ検索順位が優遇されます。おすすめ順の順位を底上げしてくれますのでとても有効利用でき成功報酬型なので売れてから設定した%分を徴収されるので使いやすいです。ただし、あくまで順位の底上げなので、売れていない商品に強めにかけたとしてもほとんど順位は変わらないことがあります。どちらも適切に利用すれば、Yahoo!ショッピングで本格的に売っていくには必須の広告になるので、8章にてより具体的に解説します。

そして、それらを踏まえて「事前調査」が大切となります。アクセスを集めるためにはお伝えした「安い順」の上位に出すか、「アイテムマッチ」で表示させるかが基本となります。ですので、リサーチして商品を発注する前に、どうやってアクセスを集めるのか？を計画しなけばなりません。「安い順」の上位に出すか、「アイテムマッチ」で表示させるのかです。ほとんどの場合、「安い順」の上位に出す戦略を使うことになると思いますので、あらかじめ、解説したことを理解して安い順の上位に出すための価格やリスクを把握しておきましょう。そして需要ボリュームが大きい商品であればあるほど、SEOを上げていくまでにリスクとコストが大きくなることを理解しておきましょう。

SEOを最上位にできない商品を仕入れてはいけない

ここまでSEOに関して解説してきましたが、この章をここまで読んでいただければ「SEOを上げられないことには商品は売れない」ということが理解できたと思います。

これを理解された上でお伝えすると、とても頷いていただけると思うのですが、そもそも**「SEOを上位にできない商品は仕入れてはいけない」**です。SEOを上げるには基本的には「安い順」で上位表示させるか、「広告で上位表示させる」かになります。つまり、どちらかの選択肢を取れる商品じゃないと売っていくことが難しいのです。

具体的に言うと「安い順」で上位表示させる時に他のライバルが大赤字で「安い順」で上位表示させている場合、こちらも大赤字で上位表示つまり安売りをしなければなりません。これは資金が少ないセラーにとっては苦しい売り出し方ですよね。売れるごとに赤字が膨らむわけです。SEOが上がれば販売価格を上げて回収できるわけですが、SEOを上げるまでは我慢しなければなりません。資金に余裕があれば問題ないですが、資金が少ないと非常に精神的にも経済的にもきついです。そして、この安い順で上位表示させられる販売価格というのは発注前に調べればある程度わかることです。もちろん入荷したタイミングにより、相場が変わっていることもありますが、失敗の確率は減らせます。

「広告で上位表示させる方法」に関しては次の章で深く理解していただきますが、基本的には資金に余裕がない場合は、最初から広告をバンバン打ってSEOを上げていく手法は行いません。中国輸入の多くの商品販売単価も低いためクリック単価での費用対効果が悪いですし、アイテムマッチ広告をかけるといってもライバルもかけている場合、クリック単価や商品スコアの比較により表示率が変わるため、必ず表示されるわけではないからです。SEOを底上げしてくれるPRオプションも「底上げ効果」ですので、そもそも新作や売れていない商品を底上げしても効果は薄く、「おすすめ順」の上位表示はできません。ですので、基本的にはこれから発売する新作商品のSEO戦略としては「安い順」の上位表示が最もお勧めですので、リサーチ商品を発注する時には必ずその商品のメインキーワードを中心に（安い順＋送料無料）で検索結果を見て、類似商品を販売する上位ライバルがどれぐらいの販売価格にしているか？そして、原価などから計算してその「安い順」上位の販売価格にしたら「赤字」なのかそうでないのか、「赤字」の場合は、1つ販売するごとに何円ぐらいの赤字になるのか？それは、許容できる範囲の赤字なのかどうなのか？などを確認して計画してから発注するようにしましょう。

コラム　中国輸入ビジネスは今後どうなるのか？

私が中国輸入ビジネスに参入したのは2015年です。当時はアパレルの仕事をしていたので副業としてスタートしました。それまでも物販の歴史は長い期間見てきました。ヤフオクで初めて出品したのは2001年頃だったと思います。当時、無職だったので不用品を売ったりして遊ぶお金を稼いでました。

そこから、物販やネットビジネスの歴史を20年ぐらい行ってきたので、物販の今後もある程度歴史から読み取れます。結論から言うと、中国輸入はしばらく平行線かなと思います。数年前には中国輸入ビジネスブームにもなりましたが、今は落ち着いています。とはいえ、やりたい人の需要はずっとありまして、昔と比べて学生さんや主婦の方が個人でやる人が増えた印象です。これは完全にメルカリの影響が大きいです。

先日、こんな問い合わせがきました。「将来、中国から輸入ができなくなったらどうしたらいいですか？」言いたいことはわからなくもないですが、あくまで「中国輸入」はビジネスの手段だと考えてください。あくまで「どこから仕入れるか？」は手段の１つだということです。仮に中国から輸入ができなくなったら、他の国や国内から仕入れれば良いです。

本質的なノウハウを理解していると、そうなったとしても仕入れ先を切り替えるだけなので、少しアレンジすればほぼ同じノウハウで販売することが可能です。

ダイソーだって中国輸入商品が多いですが、将来、もし中国からの輸入がストップしたとしても終わらないですよね。

別の国からの仕入れに切り替えるだけだと思います。あくまで私がお伝えしたいことは、「今、物販ビジネスを行い自由と安定的な収入を構築するなら、Yahoo!ショッピングで中国輸入商品を販売することがお勧めですよ」ということです。中国輸入商品と心中しようということではないのです。

ただ、現状どうなのか？　というと、やはり、中国輸入商品がやりやすいです。他の国から仕入れても売れるものはありますが、基本はマーケットインの考え方でやるのが鉄板なので、すでに売れているものを仕入れた方が良いからです。Yahoo! ショッピングでもAmazon でも、すでに売れているものでどこの国のものが多いか？それは圧倒的に中国製になるので、今は中国輸入商品を売るのが良いという結論です。確実に売上増やすなら、事実として、中国輸入商品が圧倒的に有利です。

先ほどお伝えした通り、すでに売れている商品がかなりあるので、そのまま仕入れて売ったら売れるからです。1688 から横流し商品で、月商 1000 万円以上の結果を出している受講生が何人かいますが、中国輸入以外の商品だったら１年２年でこんな結果は無理だったと思います。楽天の売上も含めると月商 3000 万円の受講生もいらっしゃいますが、中国輸入商品のみの結果です。

中国輸入に関しては流行りとかブームとかではなく、長年の歴史がありますので、もう確立されたビジネスかなと思います。基本的に物販の本質を理解して売っている人は、中国輸入でも何輸入でも売ることができますし、どの販路でも適応していくことができるので、まずはシンプルにマーケットインの考えで売れている商品を仕入れるが良いです。物販は結果が出たら外注化を進めて、仕組みで動かせるようにはなるので、プライベートも充実させつつ無理なく拡大していけるのでお勧めです。後から後悔しても遅いので、どうせなら努力が実る段階で本気で取り組みましょう！

第8章

Yahoo! ショッピングの「広告」は2つだけ抑えろ

Yahoo! ショッピングの２つの広告

Yahoo! ショッピングの広告で最も重要なのは「アイテムマッチ」と「PR オプション」の２つです。初心者から上級者まで利用するべき重要な広告です。この章では、Yahoo! ショッピング販売の広告の活用方法に関して詳しく学んでいきましょう。

ネットビジネスで収益を上げるためには、様々な広告の活用が必要であり、とても難易度が高いです。しかし、Yahoo! ショッピングの広告はシンプルかつ使いやすいため、初心者でも安心して取り組むことができます。実際に、私の受講生でビジネス経験が無かった主婦の方も、「アイテムマッチ」と「PR オプション」は使いこなしています。広告の経験が少ない方でも、恐れずに学んで実践していきましょう。

「PR オプション」広告は成果型の広告で、商品が売れた時だけ支払いが発生するため、初心者にも扱いやすい広告です。一方、「アイテムマッチ」広告はクリック型の広告で、商品が売れる売れないに関わらず、クリックごとに課金が発生します。先に予算を決めておけばそれ以上に料金が発生することはありませんので安心しましょう。

広告の利用にあたっては最初に少なからず失敗することが普通です。広告で失敗したことがない人なんて出会ったことがありません。失敗を繰り返しながら改善し、精度を上げていくのが普通のことなので、まずは可能な範囲で実践して改善を繰り返していきましょう。最初から広告を恐れて利用しないというのは、集客面で明らかに不利となります。この章で Yahoo! ショッピング販売の広告の使い方を理解し、リスクを最小限に抑えながら活用していく方法を学んでいきましょう。

1000万円以上使って20種類以上の広告を検証して分かったこと

私の初めての広告経験は、19歳の時に「ヤフオク」で行ったものでした。「ヤフオク」には、1日20円から利用できる「注目オークション」という広告があり、それを使ったのが私の初めての広告出稿でした。この広告を利用すると、通常よりも多くのアクセスを集めることができました。

アパレルの仕事をしていた時期には、Googleのリスティング広告や雑誌、フリーペーパーの広告なども試してみました。また、中国からの輸入ビジネスを副業で始めた際には、Amazonの広告も利用しました。そのため、Yahoo! ショッピングに出店した際も、なんの抵抗もなく広告のテストを行うことができました。

でも、これらの経験があったからと言って、最初から広告運用が大成功できたわけではありません。当時は、Yahoo! ショッピング広告に関しても、細かいデータに基づいて検証を行うなどの戦略が不十分で、感覚的な判断で広告を出していました。そのため、担当者から勧められた広告に、言われるがままにあまり考えずに出稿していました。結果的に、100万円かけて40万円の売上しか回収できなかった時など、赤字になってしまったことも多くありました。担当者も良かれと思いデータを元にお勧めしてくれているのですが、私自身が利益などを考慮して自分で判断しなかったことがこういう結果を招きました。

しかし、これらの失敗の経験も含め、色々経験してきたからこそ、人にもアドバイスできるようになりました。これまで、Yahoo! ショッピングだけでも数百人のショップ運営者の広告をアドバイスしてきました。その結論として、Yahoo! ショッピング販売では「アイテムマッチ」と「PR オプション」の２つの広告が最も費用対効果が高いという結論を出すことができました。多くの広告を試す前にまずはこの２つの広告に集中してマスターすることをお勧めします。今から、これら２つの広告「アイテムマッチ」と「PR オプション」ついて詳しく説明していきます。

アイテムマッチはこんな広告です

アイテムマッチは Yahoo! ショッピングのメイン広告で、１クリック 25 円（※最低入札価格は今後変更する可能性がございます）からのクリック課金型広告です。Yahoo! ショッピングでは検索からの注文がほとんどだということは繰り返しお伝えしてきましたが、検索時に最上位に表示できるのがこの「アイテムマッチ」広告になります。アイテムマッチを使わなくても売ることは可能なのですが、SEO の１番上の商品よりさらに上に表示させることができることも可能な「アイテムマッチ」は飛び道具のような強力な広告となっております。

「アイテムマッチ」をはじめるには特に難しい操作は不要です。出店後、無料で「ストアマッチ」という専用のアカウントを設定して出店アカウントに設定しているヤフー ID と連携などを行えばすぐに利用が可能です。

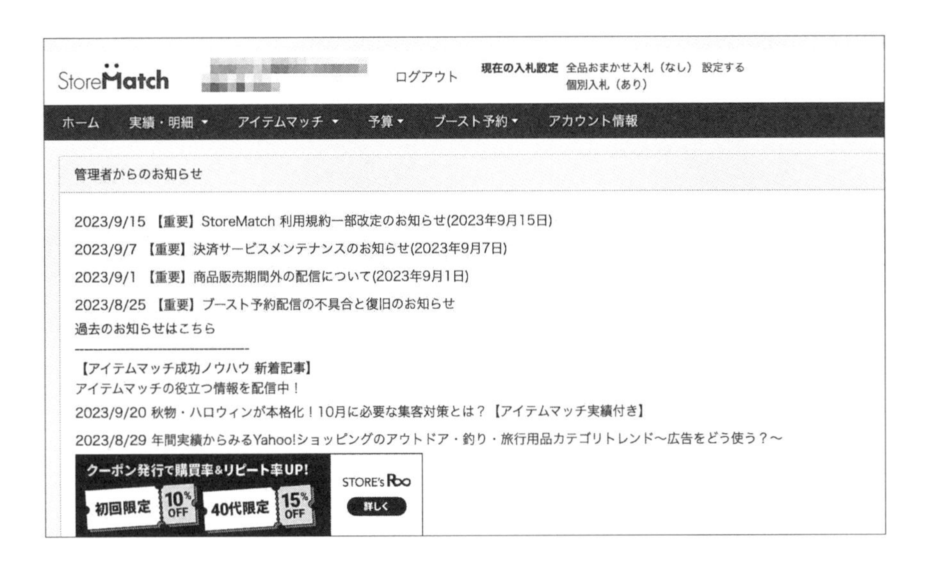

利用開始可能になったら、広告費用をクレジットカードなどで入金して、予算設定を行い、入札設定を行う3ステップで広告掲載をはじめられます。販売ページのサムネイルがそのまま専用の枠に表示されるシステムですので広告用の素材などは必要ありません。

ホーム　実績・明細　アイテムマッチ　予算　ブースト予約　アカウント情報

予算管理

現在の入金残高　90,886 円
入出金履歴
金額を追加

オートチャージ　設定なし　オートチャージ設定

予算上限　1,200,000 円 / 月
現在の消化金額 21,332 円
予算設定履歴
予算上限の変更

※ 掲載ガイドライン に準拠しない広告は、ご利用いただけません。
※ 均等配信 により随時時間単位の予算は変動します。

クリック課金型の広告に慣れていない方は費用がどんどん発生したらどうしよう⁉　と心配されるかもしれませんが、先に入金額と予算額を自分で設定できるので予算内での運用が可能です。また、1クリックあたりの金額も設定できます。初心者の方は少なめに設定して、慣れてきて資金に余裕がある方は多めに設定していくのが良いです。

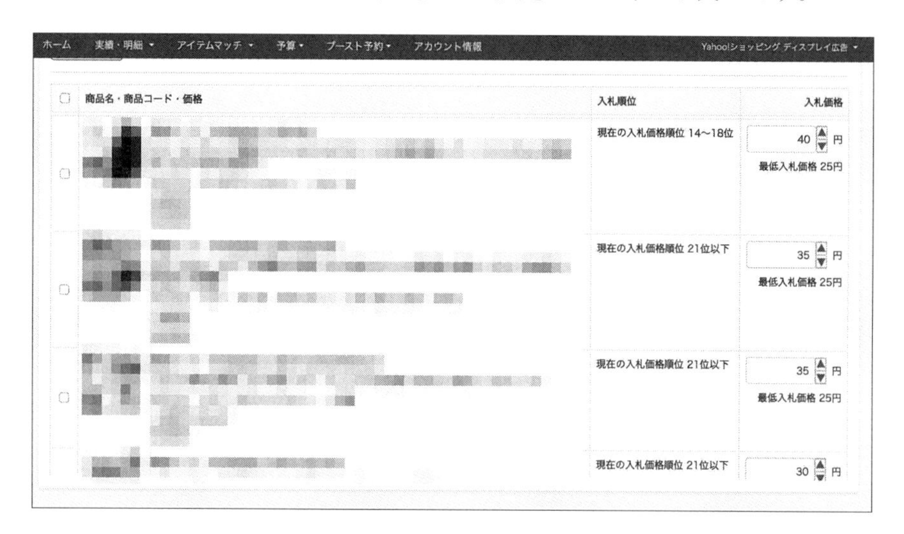

アイテムマッチ掲載にはタイムラグがあるので注意しましょう。商品を登録したばかりだと翌日や翌々日までアイテムマッチの管理画面に表示されません。また、実際に商品に入札額を設定しても半日ぐらいは反映されないことが多いです。

アイテムマッチには、特別な機能はほとんどないのですが、ブースト設定というものがあります。これは、日程を指定して入札額や予算を増加させられる機能です。例えば、5のつく日などYahoo!ショッピングのイベント日だけ広告を強めてみるということも事前に予約機能でできます。

アイテムマッチの「勘違い」と「正しい仕組み」

また、アイテムマッチの表示に関しては勘違いしている人も多いのですが、入札額を上げれば必ず表示されるということではありません。特に多い間違いが、入札額を８以内にしなければ表示されないという勘違いです。入札額を入れる画面で「入札価格８位以内にする金額」が表示されます。これを見て「８位以内の入札額にしなければ表示されない?!」と思われて無理に高い金額を入れてしまう方が結構いらっしゃいます。しかし、この８番目の目安とは入札額の目安であり表示される順番ではないので入札額は適切に調整すれば大丈夫です。

では、アイテムマッチの表示はどうやって決まっているか？ですが「入札金額」「売れている商品」「キーワードのマッチ率」などです。入札金額はもちろん考慮されていて高い方が表示される確率は上がるのですが、それだけではなくて競合の設定状況や販売ページ商品スコアにも影響しますので、まずは低い金額からかけてみてレポートを見ながら調整していく必要があります。

ズバリ！アイテムマッチが向いている商品

強力な広告とはいえ、やはりネックとなるのは課金金額です。最低でも１クリック25円はかかるので、利益額が低い商品には適していません。当然ですが、１クリックで注文されるわけはなく、販売ページの購買率は商品によりそれぞれですが、大体３～10％ぐらいのものが多いです。広告で表示させる場合は、検索以上に幅広いお客様に表示されるので、通常の購買率よりも低くなることがほとんどです。つまり、何クリックされて購入されるのかをレポートなどで確認しながら、調整して広告を打つ必要がありますし、利益額が低い商品は赤字になることもあるので注意が必要です。

例えば、800円で販売する商品の場合、原価や販売コストを引いて30％の利益率だとして、利益額は240円です。この場合、仮にアイテムマッチからの購買率が５％だとすると、平均で20クリックされないと注文に至らないということになります。ということは、１クリック25円×20クリック＝500円ですので、１注文までに平均500円かかってしまうので500－240＝260円の赤字となります。

この計算を見ていただいてわかるように、アイテムマッチは低価格商品には向いていません。赤字を見越して新商品の露出を増やすという目的がある場合は一定額をかけても構いませんが、低価格商品にかけ続けるのは利益を残せないのできっちり計算してかけるようにしましょう。

じゃあ、**どんな商品にアイテムマッチが向いているのかというと、高単価商品になります。**いやいや、中国輸入商品だと高単価商品なんて無理でしょ、と思われる方もいらっしゃるのですが、そうでもありません。中国輸入商品でも2000円や3000円の商品は沢山あります。そういった商品はアイテムマッチを有効利用することが可能です。

「ちょっと待った！　利益は残るけど利益率が超低くなるじゃないですか！」と思われた方、鋭いですね。そうなんです、ただがむしゃらにアイテムマッチをかけていても利益はほとんど残せません。2000円の商品の場合、30％の利益率で600円の利益額が残って、そこにアイテムマッチで仮に500円のコストがかかると利益額が100円になってしまいます。それだと利益率で考えると５％です。商売をされている方ならお分かりの通り、資金力がある大きな会社の場合は５％の利益率でも総合の利益額でカバーできるかもしれませんが、小さな会社は５％の利益率ではやっていけないです。月商1000万円でも50万円しか利益が残らなければ、そこから税金などが引かれたら全然儲からないですよね。

じゃあ、アイテムマッチは有効だけど実質使えないということ？と思われたかもしれませんが、安心してください。アイテムマッチには有効な使い方がありますので解説していきます。

アイテムマッチの有効な使い方

高単価商品とアイテムマッチは相性が良いです。厳密にいうと利益額額が高い商品とリピート率が高い商品が向いています。利益額の目安ですが、アイテムマッチの最低設定単価が25円ですので、購買率が5%として、500円かけて1件売れる計算になりますので、500円以上の利益額があれば低リスクでアイテムマッチをかけることが可能です。もちろんニッチ商品やジャンルによっては購買率が10%を超えることもありますので、そういった場合はもっとハードルが下がります。

ただ、500円の利益で1注文あたり500円の広告費をかけてしまったら意味ないじゃないか！　と思われたかもしれません。しかし、アイテムマッチは仮に利益がほとんど取れなくても有効な使い方があります。そのために大事になるのが「広告の比率を調整する」こと「ブースト機能として利用する」この2つです。

まず「広告の比率を調整する」ですが、アイテムマッチをかけて集客して売っていくと言ってもアイテムマッチから全て売れていくわけではありません。次の項目で紹介するPRオプションという成功報酬型で%で課金される広告は、設定した%を絶対に支払うシステムになっています。仮に30%の料率を設定したら売上の30%は必ず取られてしまうわけです。しかしアイテムマッチの場合は、設定した商品がずっと表示され続けるわけでもないですし、通常の「おすすめ順」での表示からページに入り注文される場合はアイテムマッチは課金されません。

そこを利用して、アイテムマッチ経由の売上を売上全体の5～10%などに調整しながら使います。そうすると、売上の一部だけ利用する形となるので、アイテムマッチ経由では利益が取れなくても、アイテムマッチが売上の後押しをしてくれて通常のおすすめ順の順位が上がります。売上の一部がアイテムマッチ経由で注文されるイメージです。

実際に繰り返しデータを検証してきたところ、中国輸入商品をYahoo! ショッピングで販売する時の広告の比率は 10％前後利用すると利益率と売上のバランスが良かったです。例えばアイテムマッチからの注文の比率が売上の 10％だった場合、500 円の利益額の商品に１注文あたり 500 円の広告費がかかっていたとしても、売上の９割は通常注文になるので、実質は 500 円利益額で 50 円のアイテムマッチ費用を払っている状態になります。

でも売上の 10％ぐらいをアイテムマッチで売るとか広告の意味あるの？　と思われるかもしれませんが、意味があります。先ほどお伝えしたように「販売件数を補強」することができますので、売れている商品の SEO をキープするときなどに特に有効なのです。

例えば、SEO を上げている最中は安く販売していることが多いです。そして、SEO が上がってきて「おすすめ順」上位になってランキングも上位でキープできたら想定していた販売価格に値上げをする、これが鉄板の手順なのですが、値上げのタイミングで注意したいのが、値上げをするとほぼ確実に購買率が下がるということです。今まで 980 円で販売していたものを 1480 円に値上げすれば当然ながら購買率が下がります。そうなった時に注文件数が大きく下がってしまうと SEO が下がってしまうわけです。

そこで、**アイテムマッチ広告を使いアクセスと注文数を増やして SEO を下げないようにするというのはとても有効です。**おすすめ順の順位が仮に２〜５位などであっても１位よりも上に出すことが可能ですので、一時的にアイテムマッチを強めにかけてアクセスを集め注文件数を増やし SEO を上げていく補助ツールとして使うことも有効です。

こういったSEOを上げる時にアイテムマッチを利用する場合は、広告比率を一旦上げて、利益度外視でかけてしまう方が有効です。しかし、お伝えしてきたように単価の安い商品は負担が大きいので、必ず設定金額を調整しながらレポートを定期的に確認して、費用対効果の確認を行ってください。資金的に少し余裕がある方は初期投資として入札金額を上げてテストすると有効ですので、試してみてください。

アイテムマッチのレポートを確認しよう

アイテムマッチを掲載した後は、必ずレポートを確認しましょう。広告は2～3日など短期間で計測するとイレギュラーなどで正確に分析できないので、短くても1週間程度は期間を置いて調整していくのがお勧めです。

アイテムマッチ管理画面 → 実績・明細 → 商品別 → でレポートを取得でき細かい数値を確認できます。

日別か月間を選択できるので（執筆現在は、日程をカスタマイズできないのが残念）月間で確認しましょう。例えば今日が1月6日など月の前半の場合は、月別にすると先月のデータか、1～6日のデータしか見れないので、その場合は日別でも何日か確認すると良いでしょう。調べる期間はできれば1～2週間程度はあった方が正確な数値になるので数日間ではなくある程度の期間で判断が必要です。

アイテムマッチ広告のレポートで重要な３つの部分

アイテムマッチの商品別レポートを取得したら特に確認していただ

きたいのが「クリック数」「ROAS」「CTR」の数値です。

「クリック数」

クリック数はその名の通りアイテムマッチでどれぐらいのクリックがあったかを表す数値です。アイテムマッチはクリック課金型の広告なので、広告費用に直結する重要な数値です。クリック数が目標数値に達していれば集客という部分では成功となります。ただし、ROASが低い場合は赤字を垂れ流す結果になることもあるので要注意です。

「ROAS」

ROASは広告費用に対してどれぐらい売れたかを知る重要な数値です。つまり回収率を測る数値となります。

ROASの計算式は以下になります。

アイテムマッチ経由の売上÷アイテムマッチ費用×100＝ROAS

ROASが高ければ高いほどアイテムマッチの費用対効果が高いということになります。ただ、ROASは数字が高ければよいというわけではなく各商品の利益率と合わせて見ていく必要があります。例えば利益率が20%の商品の場合はROASが500%以下の場合は、広告費が赤字になります。

ROAS500%＝１万円の費用で５万円が売れた
利益率20%の場合、５万円の売上で利益１万円

ですので、ROASの目安は利益率や客単価、そして戦略によっても変わるので何%が正解というものは提示できないのすが、300～

600％ぐらいを目安にしてください。利益率が高い商品であれば数値が低くても大丈夫ですし、商品単価が低い場合はそもそも数値を上げることが困難になります。

「CTR」

CTRは広告のクリック率になります。アイテムマッチで表示されて何％クリックされたか？　の数値です。CTRは軽視される方も多いですが、広告においての重要性というよりは販売ページのサムネイル画像の指標にもなるので販売全体において重要な部分なので書かせていただきました。Yahoo!ショッピングには様々な機能があるのですが、商品のクリック率を確認する機能がありません。ですのでアイテムマッチ経由のデータとはいえ、クリック率を確認できるのはとても貴重ですし、販売ページ改善の参考になります。

アイテムマッチの効果を劇的に改善するための３つの方法

ここからはアイテムマッチで「クリック数」「ROAS」「CTR」の数値を劇的に改善していく具体的な方法を解説します。

「クリック数の改善」

まず、クリック数の改善。アイテムマッチ経由でのクリック数を上げたい場合は単純に入札価格を上げましょう。アイテムマッチの仕組み上、あまり売れていない商品ほど表示されにくいので、そもそもほぼ表示されないこともあります。表示されているかどうかはレポートの「表示回数」の部分で確認できますので、全体的に商品の表示回数を確認して、明らかに表示が少ない商品は、設定金額を上げてみて再度確認してみましょう。また表示を増やす改善方法としては、もっと売上を増やしてからかけるという選択肢もあります。まずは販売価格を一時的に下げたり、PRオプション広告でSEOを上げて売上増を行ってから、アイテムマッチを再度かけてみましょう。

「ROASの改善」

ROASの改善を行っていきましょう。ROASが低いままだとアイテムマッチをかけている限りその商品は赤字という状態もありえるため早急に改善が必要です。ROASが低い場合はまず真っ先に調整していただきたいのが設定金額です。40円で設定していてROASが低い商品があった場合は、30円にするなど設定金額を下げて調整してください。また、販売価格をアップさせる、クーポンを使い合わせ買いを増やして顧客単価を上げる、キーワードを商品ターゲット層に適したものに最適化するなどの改善が有効です。

また、根本から改善する方法として、ROASが低い要因になっているのは購買率の可能性もあります。アイテムマッチ経由での購買率はCVRという部分で確認が可能ですし、ストアクリエイターの販売管理→全体分析→商品分析で通常の数値を確認することも可能です。購買率が低い原因は販売ページの画像が悪い、価格が高すぎる、販売ページがライバルより見劣りする、レビューが悪い、キーワードが最適化されていない、などが考えられます。そういった部分を改善して、設定金額を調整してもROASが上がらない場合は、その商品はアイテムマッチには向いていない商品と判断して、PRオプション広告を試すなどに切り替えるのが良いでしょう。販売価格や利益率の関係でどうしても向かない商品というのもあるので、その辺は臨機応変に対応していきましょう。

「CTR の改善」

CTR は広告のクリック率になります。CTR が低い原因は、サムネイル画像、商品名、販売価格、レビュー、優良配送などが考えられます。そういった販売ページの改善のきっかけとなり、クリック率が上がると売上も上がりますし、クリック率が上がるということはライバルのクリック率が下がるという相対的な効果もありますので、クリック率というのはとても大事です。そもそもクリックされないことには販売ページを見ていただけなくていくら素晴らしい販売ページと商品を用意していても売れるきっかけを逃しているということになるので、CTR が低い商品はしっかり改善していきましょう。

そもそも、CTR の数値が高いのか低いのかわからないかもしれません。目安に関しては市場や競合の状況によって変わるものなので確定的な数値の目安というのはないのですが、経験から個人的な見解をお伝えすると、CTR が１％台だと低い傾向にあります。主に 3000 円ぐらいまでの商品のデータにはなりますが、１～３％台におさまりますので、１％だと低い、３％に近ければ高いです。ただ、商品によって数値の相場は異なりますので、大事なのは各商品の数値を少しでも改善することに意識を向けることです。

CTR を改善するための具体的な方法

CTR（クリック率）は売上に直結しますし、めちゃくちゃ重要な部分です。

ですので、クリック率を上げるための、サムネイル画像、商品名、販売価格、レビュー、優良配送の改善方法を具体的にお伝えします。

「サムネイル画像の改善」

販売ページにおいて、最も重要な要素と言えるのがサムネイル画像（トップ画像）です。アイテムマッチで表示された時も、検索で表示された時も、競合と並んで表示された時にいかにお客様の興味を引ける画像か？　クリックしたくなる画像か？　が大事です。サムネイル画像に関しては第６章の販売ページの項目に記載させていただきましたので、繰り返し見ていただければと思います。

「商品タイトルの改善」

次に、商品タイトルです。キーワードの改善を行うのですが、タイトルのキーワードが１番影響が大きいため、まずはタイトルの見直しを検討しましょう。より商品に関係のあるキーワードを使用して、より狙っているキーワードを前半に持ってくるようにしてください。そして関係のないキーワード、検索されたとしても注文に至らないと思われるキーワードを除外することが大事です。タイトルに関しては、７章のSEOの項目で詳しく解説しているのでそちらで確認してください。

「販売価格の改善」

販売価格がライバルの相場より高すぎたり、ライバル商品より魅力的な商品であってもそれがサムネイル画像で伝わっていなければ「相場より高い商品」と認識されてクリックされずに売れない要因となることがあります。販売価格に関しては基本的にはSEOが高ければ高いほど価格を上げても通りやすいですし、アクセスが多い商品ほど価格を上げやすいです。

SEOが高い商品ほどお客様が競合ページと比較する確率が減りま

す。例えばSEOが1番目の商品の場合、お客様によっては最初にページを見てそのまま比較せずに注文される方もいらっしゃいます。比較されるとしてもその後の数ページとの比較になります。逆にSEO15番目ならどうでしょう。そのページを見るまでに10ページ以上の競合が並んでいるのでいくつも比較した後に見る確率が高いですよね。つまりSEOが高い方が価格面でも有利になります。ライバルページを再度確認して相場内の価格かどうかも確認しておきましょう。

「レビューの改善」

レビューは購買率にも強く影響しますが、クリック率にも影響します。Yahoo!ショッピングでは一部の商品(ファッション系の商品など)が検索時の表記が一般商品と異なり、レビューが検索時に表示されないケースもあります（※ヤフショの検索時の表記はよく変わるのでサイトを確認してください)。もし表示されていない場合はレビューはCTRには影響しませんが、多くの商品は商品レビューも検索時に表示されるため、レビューが少なすぎたり、悪かったりするとCTRを下げる要因にもなります。

「配送の改善」

Yahoo!ショッピングでは配送スピードが重要視されてきていますし、検索時に1番上に「優良配送」のチェックボタンがあり、そこを押すと優良配送ではない商品ページは表示されなくなってしまいます。優良配送じゃないとSEOも下がってしまうので、今後のYahoo!ショッピング販売では必ず優良配送に設定しておく事をお勧めします。

アイテムマッチに関して解説してきましたが、基本的には利益額が低い商品に常時使用するには向いていないです。利益率にもよりますが 2000 円以上の商品に使用したり、SEO を維持するために売上の一定の割合のみをアイテムマッチで補助したり、そういった使い方が有効です。必ず使うことになる重要な広告なので少額からのテストで良いので、失敗を恐れず、レポートを確認してチューニングしながら費用対効果を高めてご利用ください。

PR オプションとは

PR オプションはアイテムマッチと共に Yahoo! ショッピングの２大広告の１つとなっております。特徴としては商品が購入されると売上の設定料率分の料金がかかるコンバージョン課金の広告です。設定可能な料率は１～30％となっております。1000 円の商品に 10％の PR オプションをかけた場合、商品が購入されたら 100 円の広告費がかかることになります。PR オプションはショップ全体に％を設定することもできますし、商品個別で設定も可能です。全商品１％以上の PR オプション料率設定をすると特典として「ストアーズ・アールエイト」という配信対象者を細かくカスタマイズしてクーポンを発行できるツールを利用可能となります。PR オプションは簡単に説明すると「おすすめ順」の掲載順位を上げる効果のある広告になっています。基本的に Yahoo! ショッピングでは「おすすめ順」の SEO を上げて商品を販売していくので上手に使うことができれば非常に強力な広告となります。また、反映スピードが早いのも特徴でアイテムマッチよりかなり早く反映します。設定するとほとんどの場合、約 30 分以内には反映されるので、反映結果を見ながら小刻みに調整することも可能です。

PR オプションの仕組み

では、PR オプションの仕組みを解説します。「おすすめ順」の順位というのは注文件数やキーワードの関連性などのスコアで決まりますが、PR オプションを設定することにより、そのスコアを押し上げる効果があるのです。つまり、商品スコアに PR オプション料率が一定の影響を与えておすすめ順の順位が決まるということです。ですので、設定料率次第ではありますが、キーワード検索でおすすめ順 20 番目に表示されているものを 10 番目にすることができたり、5 番目に表示されているものを 1 番目に押し上げることができたりします。ただし、ライバルも同じようにかけてきた場合、掲載順位がほとんど変わらないということもあるので、その点に注意です。

PR オプションのメリットとデメリット

PR オプションを使い「おすすめ順」の順位を押し上げることで当然アクセスが上がり売上アップに直に繋がります。反映も早いです。中国輸入商品とも相性が良くて、低単価商品に向いています。例えば 500 円の商品だと、アイテムマッチはほぼ確実に赤字になりますが、PR オプションを 5 %に設定した場合、注文が入った時だけ 25 円支払えば良いので、低単価商品には救いの広告でもあります。

ただ、デメリットもあります。それは、効果がないのに広告費を取られてしまうことがある部分です。アイテムマッチの場合、クリックされたら料金が発生しますが、クリックされる＝必ずお客様が沢山見る場所に掲載されてクリックとなっているので注文が入らなかったとしてもアクセスを増やしてくれている側面はあります。しかし、PRオプションの場合､注文されない限りは広告費は発生しないのですが、注文されたら必ず発生してしまいます。おすすめ順の順位を押し上げる効果のあるPRオプションですが、設定料率によっては掲載順位が変わらないことがあります。例えば、５位の商品にPRオプションを５％かけても５位のままとか、そんな場合でも売れたら料金が発生します。例えば、発売したばかりの商品に30％のＰＲオプションをかけた場合、まだ発売したばかりの商品なのでスコアが上がっていないので、SEOが上位にいくことはほとんどありません。しかし、SEOに効果が出ていなくてもお客様が購入されたら30％に設定している場合は、30％の広告費が取られてしまいます。仮にメルマガやLINE経由でお客様が購入されたとしても設定料金が取られてしまいます。

また、別の事例だと、例えばおすすめ順１位の商品にPRオプションを20％かけている場合、実は10％に下げても１位のまま変わらなかったとか、そういうこともあります。ですので、PRオプションは定期的に商品スコアの変動を予測して料率を変えないと無駄な広告費を払うことがありますので、調整をうまく行わないと損をしてしまうデメリットがあります。

ズバリ！ PRオプションが向いている商品

PRオプションが向いている商品は「低単価商品」「利益額が低い商品」です。高単価商品にも使えますが、高単価商品で利益額が高い商品の場合、アイテムマッチの方が費用対効果が高いことがあるのでレポートなどで確認しながら使い分けたり、両方使ったりします。PRオプションは低単価商品にも向いている広告とはいえ、使うタイミングが重要になってきます。先ほどデメリットのところでもお伝えしたように効果がない場面で使ってしまうとただ費用だけ払うことになるので、反映を確認しながら、こまめなチェックが必要です。

PRオプションの調整方法

PRオプションの調整方法ですが、反映スピードが早いので、料率設定を変えたら掲載順位を確認することが大事です。また、設定して掲載順位を確認していても、順位を争っているライバルが料率を上げてきた場合、追い抜かされることもあるので、日々のこまめなチェックが大事になります。商品数が増えてくるとこの作業が面倒ではあるので、このような確認作業は外注さんに単価報酬や時給報酬でお任せしてしまうのがお勧めです。圧倒的に時間の削減になるはずです。

PRオプションで売上を最も加速させる使い方

PRオプションは私も数年間使っており100名以上から相談を受けアドバイスしてきたので、その経験から1番有効な使い方をお伝えします。**PRオプションで最も有効な使い方は「おすすめ順」の順位を1位に押し上げる時です。**売り始めの商品や全然売れていない商品に使うのは効果が薄いです。商品が売れ始めて、メインキーワードでの「おすすめ順」の順位が1ページ目に入った時に有効になり、最も有効なタイミングはおすすめ順の1番目が狙える状態になった時です。

周りの状況や売上規模にもよりますが、10位前後まで上がってきていると、10～15％ぐらいの料率を設定すると1～3位ぐらいまで一気に上げられることが多いです。検索順位を最上位まで引き上げるとかなりのアクセスアップになります。もちろんサムネイルや価格など状況次第にはなりますが、アクセスが数倍になることさえあります。

SEOの章で図解でも説明させていただきましたが、特に掲載順位の1位は圧倒的なアクセス増になります。リサーチの章でもしつこいぐらい「SEOを上げることができる商品を扱いましょう」と伝えてきたのはそのためです。公式の部分で触れた（アクセス×購買率×顧客単価）のアクセスの部分はおすすめ順の順位により大幅に変化します。ですので、アクセスを上げるためには、いかにおすすめ順の上位に持っていけるかが重要となります。

掲載順位は多くの方が思っている以上にかなり重要で、上位がほとんどのアクセスを集めます。おすすめ順の順位が「中途半端な順位」から「最上位」に上がると、アクセスの大幅アップが狙えます。「最上位」に押し上げるためにPRオプションを使うのが最も有効的な使い方となりますし、効果を実感できますのでお試しください。

PRオプションのコスパを改善する方法

掲載順位を押し上げてくれるPRオプションですが、やはりネックは料率設定した広告費が利益をかなり削ってしまう部分です。PRオプションを仮に20％かけた場合、一見、20％だけ利益が減っているように思ってしまう方もいらっしゃるのですが、実はそうではなくて、

1000円で販売していて利益率が20%の商品の場合、20%のPRオプションをかけると利益が0%になってしまうのです。よほどの高利益率の商品なら高い料率を継続することも可能かもしれませんが、よほどのオリジナルブランドを持っていない限りそれは難しいと思います。ですので、PRオプションを高い料率設定にしたままずっと売り続けるというのは現実的ではありません。そこで重要になるのが、どのタイミングで料率を下げるか？です。利益が取れないから使わないとのではなくて、一時的に高めに設定して、タイミングを見て下げるのがとても有効です。

PRオプションで成功した実例

実際にPRオプションを使って良い結果が出た実例を具体的に紹介していきます。紹介するのは受講生の商品で実際に私のアドバイスの元、890円で販売していた商品のPRオプションを引き上げて販売価格も引き上げることで利益も落とさないようにして売上が3倍以上になった例です。

（ビフォー）

680円で、PRオプション1%で販売

1ヵ月の売上：約18万円

↓

（アフター）

980円に値上げして、PRオプション10%で販売

１ヵ月の売上：約 57 万円

（解説）

この商品は、発売当初は 400 円前後まで価格を下げて、メインキーワードで「安い順」の１番目に露出していただきました。順調にアクセスが集まり売れていき、おすすめ順の SEO が上がっていきました。しかし、「おすすめ順」の８番目前後で 680 円に値上げしたところ、そこそこの売れ行きで止まってしまい、１ヵ月の売上は 18 万円でした。

そこで、利益率なども考慮した上で、一時的に PR オプションを 10% に上げていただいたところ、「おすすめ順」の３番目に表示されたので１週間ほど待っていただきました。すると順調に売上が上がり「おすすめ順」の１番目になったので、価格も競合と比較しながら 980 円に値上げしてみるようにアドバイスさせていただいたところ、980 円で１ヵ月の売上は 57 万円になりました。その後、徐々に PR オプションを調整して下げて５％まで下げても「おすすめ順」の１番を維持できていたので、利益率をしっかり確保しながら売れ続ける商品になりました。

PR オプションで失敗した実例３選

私自身が失敗してきた事例もありますので、３つの失敗事例を解説いたします。

① PR オプションを５％かけたが SEO に全然影響しなかった。

➡ レッドオーシャンの商品で競争が激しい商品での事例です。需要があまりに高い商品だと、熾烈な争いが繰り広げられるので、PRオプション数%ぐらいではSEOの上昇があまり見込めないケースもあります。この事例では発売した直後にPRオプションを1%だけかけて、価格を大幅に下げてSEOを上げていきました。順調におすすめ順の1ページ目に入ったので、PRオプションを5%に引き上げたのですが、ほとんど順位は変わりませんでした。おそらく、その時の上位ライバルとの売上の差が大きかったことや、競合もPRオプションを5%以上かけていたことが予想されます。このようにPRオプションを変えても順位が変動しないケースもあります。引き上げても順位が上がらなかった場合は、ただ損をしてしまうので、料率を変えた直後は順位の変動を確認して、有効な効果が得られなかった場合は、より高い料率に変えたり、ページを強化したり、価格を下げたり調整しましょう。

②PRオプションを10%かけて上位表示させたが効果がなかった。

➡ このケースでは、おすすめ順の10番前後になっていた商品のPRオプションを1%から10%に料率を引き上げて、おすすめ順の順位は4番目に上がりました。しかし、その商品の市場全体の需要が低すぎため、競合のトップ以外は全然売れていなかったため、10番目でも4番目でも全然売れなかった事例です。この失敗から、商品の発注前に何番目のライバルがどれぐらい売れているかを分析するようになりました。こういったケースの場合は、1番目が独占的にシェアを奪っているため、頑張って1番の競合を追い越せるように戦略を立てましょう。

③PRオプションをショップ全体に10%かけたが、売上10%増

で利益減になった。

➡ これはちょっとトンチみたいな話しなのですが、PR オプションをショップ全体に 10%かけた場合、利益 30%の店は売上 10%アップだと採算が合いません。

わかりやすい例でお伝えすると、月商 100 万円で平均の利益率が 30%の店の場合、月の利益は 30 万円です。そして、PR オプションをショップ全体に 10%かけることにより売上が 10%増えたら 110 万円です。この時、PR オプションの料金は 11 万円かかります。利益率は本来なら 30%だったので 110 万円売れた場合は 33 万円得られるはずでしたが、PR オプションの料金が 11 万円かかってしまっているので 22 万円の利益となってしまいます。この場合、PR オプションをかける前より利益が下がってしまうのです。

つまり、PR オプションをかけて売上が少し上がったから OK ということではありません。きっちり利益がどうなったのかを計算することが必要です。ここの計算が甘い人が多いので注意が必要です。タイミングを考えて使い、徐々に下げて調整する使い方が圧倒的にコスパが良いです。

プロモーションパッケージで PR オプションの効果 1.7 倍にしよう

2023 年から Yahoo! ショッピングで「プロモーションパッケージ」というオプションに参加可能となっています。結論から言うと参加しておく方が良いです。PR オプションとかなり相性が良いのでご紹介しておきます。

プロモーションパッケージに加入すると検索結果の露出アップ、ストア運営の役立つデータ、販促活動に役立つツール提供などの特典を受けられます。加入するには売上の３％が必要なのですが、加入すると「３％分の検索結果順位アップ効果」および設定したPRオプションの検索結果順位アップ効果が、通常の約1.3倍得られます。

優良ストアはSEOの章でもご紹介しましたが、Yahoo!ショッピングの出店ストアのうち一定の評価基準を満たしたストアが優良ストアに認定されます。

- 優良配送注文数シェア50％以上
- 総合評価12点以上
- 優良店評価項目の点数が一定水準を超えている

プロモーションパッケージとは

「Yahoo!ショッピング」出店者様の売上向上やストア運営をサポートするための**販促オプション**です。 ご加入いただくと、検索結果の露出アップ、ストア運営の役立つデータ・販促活動に役立つツール提供などの特典を受けられます。ご加入には**3%の手数料が必要**です。
また、「プロモーションパッケージ」に加入いただいた「優良店」のストアは、さらなる特典（ゴールド特典）を提供いたします。

対象	Yahoo!ショッピング全出店者様
費用	3% • 商品販売価格（税抜）の3%をご請求いたします。 • 毎月のご請求と一緒にお引き落としさせていただきます。 • 毎月のご請求金額は「請求明細」ページで確認できます。（ご請求項目名：プロモーションパッケージ利用料） • 端数が発生した場合の小数点以下は切り上げです。 • 別途消費税分が請求金額に加算されます。（端数が発生した場合は、小数点第一以下切捨て）
	任意 • お申し込みについての詳細は「プロモーションパッケージのお申し込み（別ペー

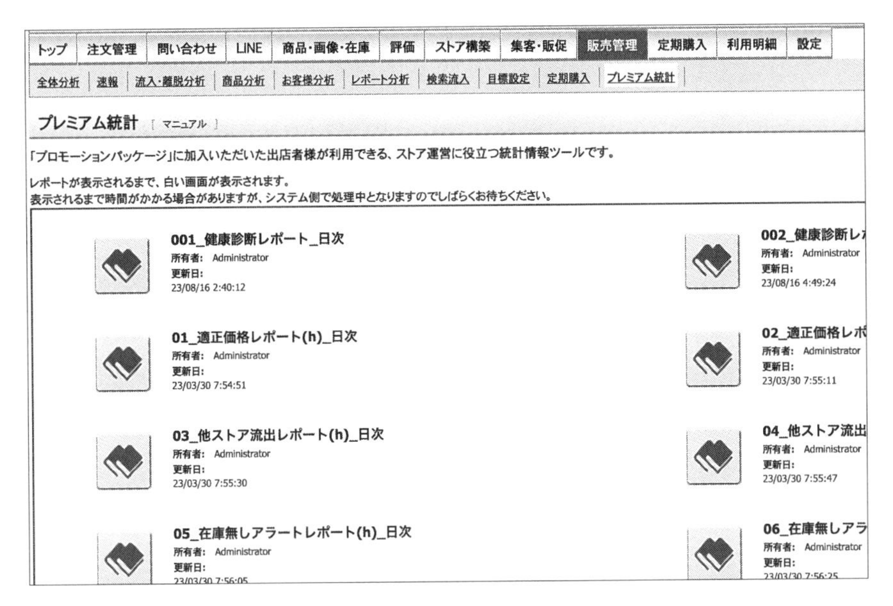

優良ストアに認定された時点でSEOが底上げされますが、プロモーションパッケージでさらに優遇されるので、優良ストアとプロモーションパッケージゴールドで合わせて恩恵を受けてライバルから優位になりましょう。

ボーナスストアとは？

アイテムマッチやPRオプションほどお勧めではないのですが、状況によっては効果的に使えるのが「ボーナスストア」キャンペーンへの参加です。

ボーナスストアとはYahoo! ショッピングで開催されているポイントキャンペーンです。出店者は５％もしくは10%のポイント原資負担と各ストアごとに設定されたPRオプション料率の条件を飲むことで、ボーナスストアに参加できます。

キャンペーンの参加条件は参加前に確認でき、参加した場合は期間中は自動的にショップ全体が参加条件のPRオプション料率に設定されます。条件のPRオプション料率は、普段設定しているPRオプション料率によって異なります。基本的には普段のPRオプションが高い場合は、ボーナスストア参加のPRオプション条件も高くなる傾向にあります。受講生の平均データだと7～8％ぐらいに設定される方が多いです。お店によって参加条件のPRオプション料率は異なるので、キャンペーン情報でチェックしてください。

また注意していただきたいのが、先ほどお伝えしたようにPRオプションの条件＋ポイント原資の負担が必要なので、設定された料率プラス、お客様に還元されたポイントの5％や10％はショップが負担する必要があります。売れた場合のみ費用が発生するとはいえ、負担する％がかなり高くなってしまう傾向があるので、なかなか元を取ることができない広告になります。ですので、この「ボーナスストア」キャンペーンは広告自体で利益を出すというよりは、ショップ全体の売上の山場を作りたい時や、SEOを押し上げたい時、SEO上位を取れている商品が多い時にSEOを維持するため、などにスポットで利用するのがお勧めです。何回も検証しましたが、基本的には売上はアップするものの、利益は減ることがほとんどですので、参加し過ぎには注意しましょう。

その他の広告

Yahoo!ショッピングの広告には色んなものがあります。私は一時期、テストの意味も込めて10種類以上の広告を試しました。メルマガ広告やディスプレイ広告、また外部から流入させることも可能なので Facebook 広告や Google リスティング広告、色々試してみたいのですが結局のところ、圧倒的に高コスパでお勧めできるのは「アイテムマッチ」と「PR オプション」です。まずはこの２つの広告をマスターしましょう。

正直、広告はアイテムマッチと PR オプションだけで月利 100 万円以上を達成可能です。順調に売上が伸びてきて、レッドオーシャンに挑むときや、ライバルがかなり強くて、この２つの広告だけでは SEO が勝てない時などに、他の広告も検討すると良いでしょう。

広告を効率的に使い SEO 上位を獲得する具体的な方法

ここからは実際にどのように広告を使って、新商品や売れていない商品を軌道に乗せていくかを紹介させていただきます。自ら数多くの商品を販売し、300 ショップ以上にアドバイスをさせていただいた経験から、再現性が高く成功確率の高い手法を解説していきます。

実例１「途中から PR オプションを上げて最後に下げる」

まずは多くの方におすすめなのが、この手法です。まずはメインキーワードで「安い順」の上位表示をさせてアクセスを集め売っていき、販売件数を稼いで、おすすめ順の順位を上げていきます。初期の PR オプションは１％で良いです。そして、メインキーワードでおすすめ順の１ページ目に入るなど SEO が上がってきたタイミングで、PR オプション料率を上げて、検索順位を最上位に上げる方法です。

PR オプションは反映が早いので例えば５％かけた場合はこの順位まで上がる、10％かけた場合はこの順位まで上がる、など検証が短時間で容易にできるので、検証しながら費用対効果の高い順位に押し上げます。

何位を狙うべきか？　ですが、これは状況次第で正解も異なるので明確には言いにくいですが、資金に困っている状況でなければより高い順位にしてしまう方が良いです。最上位に上げることにより、ページのクオリティが低くなければ、順調に売れるはずです。

そして、最上位にしてしまうことにより、実際にページのクオリティは正解なのか？　間違えてないか？　SEO さえ上がれば売れるページなのか？　などを検証することができます。

そして上位に表示させてアクセスを増やし注文件数を増やすことにより、急激にスコアが高まるので１～２週間経てば PR オプションを下げても SEO を維持できることが多いです。もちろん市場規模にもよるので、両立を変えて反映を見ながら調整しましょう。

月商が 11 万円に達していないショップだとまだ PR オプションも使えない状況なので、その場合は最初の安値のセール価格でいかに「おすすめ順」の SEO を上位に押し上げられるかが鍵となります。

実例２「最初からアイテムマッチ」

こちらは中級者上級者向けにはなりますが、最初からアイテムマッチをかけて売り出していく手法です。中国輸入商品の中でも単価が高い商品や、売れた商品を横展開してセット販売などを行なっていく時もこちらの手法をとることがあります。また、国内商品やメーカーの商品などを販売されている方もこの方法で売り出していくことが多いです。

単価が高い商品は基本的には原価が高い商品なので、先ほどお伝えした「安い順」で売り出していく手法は、原価的に難しいことがあります。中国商品だと国際送料を入れても原価が100円や200円のものも沢山あります。原価が数百円のものが無数にあります。そういった原価が低い商品の場合は、送料や諸経費を入れたとしてもかなり安い価格で売り出し始めることができます。しかし、高単価商品の場合は原価が1000円、2000円ということもしばしばあります。そうなると「安い順」の上位に出すにはかなりの赤字価格にしなければなりません。

そういう時には、通常価格より少し価格を下げて、アイテムマッチ広告を使い売り出すのが有効です。もし、メーカー商品を扱っていて販売価格が決められている場合だと、価格は下げれないかもしれませんが、おそらく本書をお読みのあなたは、中国輸入商品やノーブランド商品の取り扱いをされていると思います。その場合は、最初は価格をなるべく下げた方が良いです。アイテムマッチを使うとしても、最初はレビューもなく信用のないページなので、価格を下げないと購買率がかなり低くなってしまうからです。

アイテムマッチを最初から使う場合、注意点があります。それはアイテムマッチは入札額で全てが決まるわけではなく、売れている商品ほど表示されやすい特徴があることです。そのため、新作の発売時には競合があなたの新作よりも売れている状態なので、アイテムマッチを使っても広告枠になかなか表示されなかったりします。そうなると、アクセスを集めるのがとても大変です。

ですので、基本的には最初からアイテムマッチに頼って売り出すというのはリスクもあります。難易度がやや高くなりますので、まだYahoo! ショッピング販売に慣れていない方は先ほど紹介した「安い順」から売り出すのが鉄板ですし、お勧めです。そういった部分も考えていくと、やはり原価が低く低単価商品が多い中国輸入商品はYahoo! ショッピングと相性が良いですね。

広告は小さく始め、繰り返しデータ検証しよう

広告は繰り返しテストをしていくものです。一か八かではなくて、小さくスタートしてデータを見ながら検証して効果を高めていきましょう。大事なのは広告というのは最初は誰もが失敗してしまうことを知っておくこと、そしてその失敗を最小限に抑えられるように小さく始めて検証しながら大きく費用をかけていくことです。

間違っても人にお勧めされたからといっていきなり数十万円の広告とかを打たないようにしましょう。私がアパレル店の運営に携わっていたときはネット広告のノウハウがほとんどなく、効果が出るかわからない雑誌掲載広告や、ネット広告に数十万円を投入して全く効果がなかったこともありました。Yahoo! ショッピングのPRオプションやアイテムマッチ広告は、ありがたいことに小さくテストできて、すぐに効果を検証することができるので、リスクは低いです。定期的にデータのチェックを行い運用していきましょう。

そもそもの広告の意味を考えると、広告とはお金を支払う代わりにアクセスを集めるものなんですよね。つまりアクセスを集めて成約できなければペイできないばかりでなく赤字になることさえあります。

恋愛で例えるとわかりやすいですが、髪の毛ボサボサで不潔で頼りなくて自己中心的な男性がいたとして、出会いの数が増えてもお付き合いには至らないですよね。この場合、本質として先にやるべきことは、この男性自身を整えることです。腕の良い美容室で髪を整えてもらい、不潔な部分を直して、自信を持って振る舞い、相手のことを思いやる行動をしてもらうことが先決です。数を増やす前にそちらが先決です。

物販の広告も同じ考え方をしてください。広告を費用対効果良く機能させるためには、ページが整っていなければなりません。まずやるべきことは、きちんとした商品を仕入れることであり、お客様の気持ちを理解した販売ページにすることです。そして、アクセスを流してきちんと売れることを確認してから、さらに売上を加速させるために広告費を投入する。そういった流れで広告を使うのであれば、ほとんどリスクはないでしょうし、広告費を垂れ流すようなことにはなりませんので、広告を恐れる必要もありません。広告は恐れるものではなく、費用面で足を引っ張るものでもなく、販売を強化してくれる武器ですので、正しい手順で使用して強力な武器にしていきましょう。

第9章

今すぐ使える
売上150%「テクニック集」

クーポンで顧客単価と利益率を上げる方法

セット買いをしていただくことで、顧客単価が一気に跳ね上がります。1000円で販売しているものを2個セットで買っていただけたら顧客単価は2倍です。小さい商品であれば配送費用なども変わらないので、利益率もかなり上がります。セット買いしていただけるというのは、顧客単価も上がり利益率も上がるので、運営としてもとてもありがたいのです。

ですので、セット買いの可能性がある商品は積極的にクーポンを設定して「セット買い率」を上げていきましょう。例えば2つ購入で5％OFFのクーポンを出しておくと「セット買い率」が上がります。5％OFFにしたとしても、単価1000円の商品の場合、顧客単価が1900円になります。

クーポンで割引しているので利益率は下がりそうなイメージですが、小さな商品の場合2つお送りしても配送が1つで済むので、利益率が大幅に上がります。例えばネコポスで送料230円の場合、2つセットでご注文いただいて合わせて配送できる場合は、2つ目に50円ピッキング費用が徴収されますが、230 + 50 = 280円になるので、1つあたりの送料は140円になります。1つで配送するよりもこの時点で90円利益額が上がります。

さらにアイテムマッチをかけている場合も別々のお客様から注文が入るよりお得です。他にも商品を販売するには外注さんの費用や管理費などもかかってくるので、セット買いにより費用が削減できます。合わせ買いは顧客単価が上がるだけでなく、経費は下がり販売者側からしても、とてもありがたいのです。積極的に施策しましょう。

初めての方へ　自分のストアを見る

トップ　注文管理　問い合わせ　LINE　商品・画像・在庫　評価　ストア構築　集客・販促　販売管理　定期購入　利用明細　設定

クーポン設定 - 新規発行 [マニュアル]

LINE限定設定 LINE Official Account Managerにログイン	□ LINE限定クーポンに設定する 商品詳細クーポン表示箇所に友だち追加訴求を設定する ※LINE友だち未登録者に友だち追加訴求をすることができます。クーポン発行後にLINE Official Account Managerにログイン後、あいさつメッセージに発行したクーポンURLを設定してください。詳細はこちら ○ 表示 ○ 非表示

基本情報

クーポン名 ※必須	※全角75文字以内(半角150文字以内) ※クーポン名に氏名等の個人情報を記載しないでください。
クーポンの説明文	※全角150文字以内(半角300文字以内)
クーポンのカテゴリ ※必須	○ レディースファッション ○ メンズファッション ○ スポーツ、アウトドア ○ ベビー、キッズ ○ インテリア、生活雑貨 ○ コスメ、香水 ○ ダイエット、健康 ○ 食品、ドリンク、お酒 ○ 家電 ○ 趣味 ○ 自転車、車、バイク ○ ペット、DIY、花 ○ 腕時計、アクセサリー ○ その他
値引き ※必須	○ 定額値引き　円　※半角数字8文字以内 ○ 定率値引き　%　※1～99の半角数字 ○ 送料無料
利用開始日時(公開日) ※必須	-- 時

LINEとメルマガを活用してリピート率を上げる方法

Yahoo!ショッピングでは顧客リストを活用して、「LINE」と「メルマガ」でお客様にアプローチすることが可能です。メルマガはYahoo!ショッピング内では正式には「ニュースレター」と言いますがこの本では多くの方が使い慣れている「メルマガ」と記載します。

数年前は連絡ツールとしては、メルマガで配信するというのがお決まりで、お客様がご注文されたときにデフォルトでYahoo!ショッピングが設定してくれている自社のショップメルマガに登録される仕組みになっていました。

しかし、近年、ビジネスでもLINEが盛んになってきたのでYahoo!ショッピングでもメルマガよりLINE活用の流れとなりました。というのも、ご存知かもしれませんが現在LINEとヤフーは合併して「LINE ヤフー」となっていますので、Yahoo!ショッピングはLINEの強みを活かした戦略をとってきているのです。手始めとして2023年の春にはユーザーがお気に入りに登録している商品が再入荷した際にLINEで通知する機能を開始したり、出店ストアが手間をかけずにLINEの機能の恩恵を受けれるようになっています。

そんなLINEとメルマガですが、どっちを活用するのが良いのか？というのが他のビジネスでも論争されることがあります。私の答えとすると、どちらもやった方が良いです。どちらもメリットとデメリットがあるからです。

まずLINEのメリットであり強みは到達率がほぼ100％なところです。メルマガの場合は配信しても届かないことがあるのです。そしてLINEは生活の一部になっているので強制的にお客様の日常に入り込むことができるのです。しかし、それはメリットでもあり、デメリットにもつながる部分です。LINEはお客様との距離が近すぎるので便利ではあるのですが、嫌がられる可能性も高いのです。特に薄い内容を頻繁に配信してしまうと高確率でブロックされてしまい二度と見ていただけなくなります。

メルマガの場合は、逆に配信解除されることはかなり稀ですので、長く情報を届けることができますし、長文をお送りしても嫌がられることがほとんどありません。ヤフーとしてはLINEをプッシュしているので、今後はYahoo!ショッピング内ではメルマガではなくてLINEに登録するように促す施策をしてくると思われます。ですので、LINE主体になっていくと思いますが、LINEを頻繁に配信するのは迷惑行為になることもあるので、くれぐれも配信頻度や内容には気をつけましょう。

内容は何を届ければいいかというと、基本的にお客様が得する内容だけ配信するのがベストです。例えば、以前購入いただいた商品の関連商品が期間限定で半額というお知らせなら嫌がる人は少ないはずです。これはメルマガでも同じことが言えるのですが、配信する内容は受け取る方のメリットを必ず入れるようにしましょう。例えば筋トレグッズを販売する専門店であれば筋トレの役に立つ情報などなら喜んでいただける人も多いはずです。中国輸入商品でいろんなジャンルの商品を扱っている場合は、いろんな属性のお客様がいらっしゃるのでLINEを頻繁に使うのはあまりお勧めしません。ここぞという時にお客様がお得と感じていただける内容をお送りするようにしましょう。

LINEを活用する施策はAmazon販売などにはない、Yahoo!ショッピングが有利な施策でもあります。

他の販売モールでは基本的に、顧客情報を外部に持ち出す行為が禁止されています。しかし、Yahoo!ショッピングの場合、お客様をメルマガに誘導したり、LINEに誘導して顧客情報を自社で活用することが可能です。これはとてもありがたいことで、リピート率を上げやすくなります。

特にLINEに関しては、ヤフーと提携しているので今後も連携した機能やイベントをヤフー側も対策してくれます。これは、他の販売モールでは無理ですので、Yahoo!ショッピングの大きな武器でありますし、私たちにとってもありがたいことです。LINEの強みと弱みをどちらも理解して活用していきましょう。

売上の数字全てに影響する「レビュー対策」

レビューには、商品レビューの他に、ストアレビューというものがあります。商品レビューはその名の通り、特定の商品に対する購入者の評価や感想を集めるものです。一方、ストアレビューはショップ全体のサービスや取り扱い商品に対する評価を集めるものです。どちらのレビューも購入者の購入意欲や信頼感に大きく影響を与えます。また、SEOにも影響を与える要素となりますので、どちらも対策することが重要となっております。

EC 販売におけるレビューは商品の購入を決める１つの大きな要素となっており、その対策は全ての売上に直接影響を与えます。そのため、いかにレビュー獲得率を上げるか、高評価の確率を高められるかがレビュー対策として重要となります。当然ながら、常に良質な商品とサービスを提供し、満足度を高めることが高評価レビューと繋がりますが、商品以外にも配送スピードや問い合わせ対応などでも評価は目に見えて変わりますし、レビュー獲得用紙を商品と一緒に送付することなどで獲得率を上げることができます。

レビューの取得率を上げて評価を高める方法３選

レビューに関しては、以前、Amazon で不正レビューが話題になりました。業者を使ったり、金銭を払ってレビューをつけさせる行為が蔓延していたからです。逆にいうと、金銭を払ってでもレビューを獲得することに価値があるということでもあります。もちろんそのような行為は違反ですので行わないようにしてください。しかし、レビューはお客様が注文を決断する要素としてとても大きな要素となっています。いくら販売ページの画像が魅力的であっても、それは販売者側のセールスだとお客様はわかっているので、安心する要素として第三者からの意見を聞きたいわけです。私もそうですが、ネット通販で商品を買う時や、知らない店に行く時にレビューを調べる人は多いと思いますし、調べる人の割合もかなり増えています。

高評価レビューが増えれば、まず目視の効果としてページへのアクセス数も多くなり購買率も高まります。レビュー３件のページとレビュー 100 件のページでは安心感が違いますよね。肌感覚として目安にはなりますが、レビュー数が 10 ～ 20 件程度溜まると、0 件の時よりかなり購買率が上がります。0 件よりも 3 件の方が有利ですし、3 件より 20 件の方が有利ですので、なるべく早くレビューを増やしましょう。

商品レビューは印象効果以外にも、アルゴリズムとしても SEO にプラスの効果をもたらします。もちろん低評価レビューが大量に溜まってはダメですが、例えば 4.0 以上の評価が 500 件とか 1000 件とか溜まっていくと SEO の効果を感じることがあります。

では、レビューの獲得率を上げて評価を高めるにはどうしたらいいのか？解説していきます。

よくある昔からのノウハウだと「フォローメール」を送りましょう。というのがあります。ご注文いただいたお客様に到着後にメールを送ります。Amazon で注文した時に結構頻繁にフォローメールが届くことが多いです。ただ、正直なところ効果は薄いです。僕は Amazon で年間 100 件以上は商品を買うので頻繁にフォローメールが届きますが、内容は見ませんし、それでレビューしようと思ったことはありません。ただ、1 ～ 2 %ぐらいはレビュー率が上がることもあると思いますので余裕がある人は対策してみても良いかもしれません。フォローメールが効果が薄いのにノウハウが定着しているのは理由があります。Amazon の影響です。Amazon ではレビューの取得に関してかなり厳格なガイドラインがあり、禁止事項が多いのであまり対策することができないのです。

Yahoo! ショッピングでは、実践的で効果の高いレビュー対策方法があるのでお伝えしようと思います。

ただ、実際に、施策を行う際に、今から伝えることを意識してください。これを意識しているかしていないかで、同じノウハウで対策を行っても成果が大きく異なります。お客様に対して意識することは以下の３つです。

① メリットを与える
② 手間を減らす
③ 感動を与える

まずお客様がレビューすることをお客様目線で考えてほしいのですが、レビューするのは時間も手間もかかるので面倒なわけです。自動メールで「レビューお願いします」とメールを送ったぐらいではお客様は動いてくれないのは当然です。そこで、上記の３つの部分を意識して対策すれば、レビューは爆発的に増えます。まずは、レビューを書くことによりお客様が得するようにすること、そして、レビューを書くことの手間を極力減らすこと、そして、可能であれば感動いただいて自ら動いていただくこと。これらを意識して今から伝える対策をすれば大幅に高評価の取得率がアップします。

レビュー取得率が大幅に上がる１番手っ取り早い方法は、レビュー取得用紙を入れることです。商品と一緒に用紙を入れてレビューを促します。ただ、用紙を入れるだけだと効果は薄いので、取得率を上げるためのポイントと対策方法がいくつかあるので解説します。

レビュー取得率を2倍にする方法（初心者向け）

メリット＋手間を省く

お客様にメリットがない、手間のかかるレビューの書き込みは、やっていただけないことがほとんどです。そこでレビューを書き込むメリットを与えると効果的です。実行しやすい方法として「レビューを書いたら延長保証」が効果的です。これはレビューを書いたら○○日保証させていただきます。とか、レビューを書いたら30日の保証を90日に延長させていただきます。などを用紙に記載する方法です。さらに手間を省いていただくために、QRコードを載せたり、アプリでのレビューの投稿方法などを書いておくとより効果があります。

レビュー取得率を3倍にする方法（中級者以上向け）

メリット＋感動＋手間を省く

手間はかかりますが、さらに効果が高くなる方法として、さっきの方法に感動をプラスします。人が行動するには感情が動くことが重要で、なおかつプラスの感情が動くと高評価率が上がります。このデジタルな時代だからこそ、人の暖かさや真心というのはネット販売で効果的です。ただ、ありがとうございます。と普通に書いていても、なんの感情変化もないので、手書きのメッセージを入れます。あなたが直接書かなくても良いので、あなたが文章を考えて、外注さんやスタッフにお任せしましょう。長文を書くと販売数が増えてきた時に量産が難しくなるので、短文や、メッセージカードのようなものでも大丈夫です。

ポイントは数ある商品の中から信用してご注文いただいたことへの感謝をしっかり伝えてください。レビュー取得目的で書くのではなくて、感謝の気持ちを持って目の前にお客様がいると思って内容を考えましょう。ただ、デメリットとして売上が高いショップは毎月数千個の商品が売れるので、外注さんに依頼したとしても手書きのカードを毎月数千枚用意しなければなりません。それは困難です。

そこで、少し簡易版にはなりますが、レビュー用紙の裏面や別の用紙に感謝を伝える箇所を作り、メッセージを「手書き印刷」で印字します。画像加工さんか、ココナラなどで依頼すれば手書きの文字をデータ化してもらえるので、それを印刷すると良いです。

レビュー取得率を４倍にする方法（上級者向け）

最高のメリット＋感動＋手間を省く

最後に最も効果の高かった方法をお伝えします。プレゼントキャンペーンです。レビューを書いたらプレゼントを差し上げる方法になります。これはお客様への圧倒的なメリットになりますので、効果は絶大です。

例えば、街中でアンケートを書いてほしいと言われても書く気にならないですが、匿名で 30 秒で書いていただけたら「ハーゲンダッツ券２枚」を差し上げます。だったら行動する方はかなり増えますよね。プレゼントキャンペーンでも大事なのはお客様にとってメリットがどれぐらいあるか？　どれぐらい嬉しいか？　です。さっきのアンケートの例で、「iPhone の画面を拭くシート差し上げます」だとどうでしょう？　ほとんどの人はいらないと思います。でも、スマホを買った時に携帯ショップでいただけるなら嬉しいですよね。そのように、プレゼントキャンペーンの内容は販売している商品の顧客層によっても喜んでいただけるものが異なるので、適当にオマケをあげればいいというものではありません。キャンペーンを行う商品に必ず必要なものだと効果は高くなります。例えば、スマートウォッチに替えのベルトをプレゼントだとほとんどの人は嬉しいはずです。お客様目線で喜んでいただけるかどうかを考えて施策することが大事になります。

効果の高い施策にはなりますが、コストも大きいです。プレゼント自体のコストもかかりますが、それを別途配送する手間やレビューを書いていただいてからお送りするシステムを自社で構築しなければなりません。コスト面から考えてもこれを常時続けるのは利益率的にも厳しい商品が多いと思います。ですので、プレゼントキャンペーンは全商品に随時行うものではなくて、レビューを一定数集めたいタイミングでキャンペーンとして行なったり、販売商品の中でエース級の商品をさらに盛り上げたい時に行うのがお勧めです。

※レビュー取得に関しては、今後、禁止事項が増えたり規約変更となる可能性もありますので、必ず実施する前にガイドラインやヘルプを確認してください。

低評価レビューをつけられてしまう理由３選

レビューを多く取得しても低評価レビューが多ければ意味がないですよね。そこで、低評価レビューをつけられる理由としてどんなものが多いのかを解説します。

①「品質が悪い」

最も多い低評価レビューはこれだと思います。衣類だとほつれが多い、機械類だとすぐ故障した、商品の具体例を出すとイヤホンの音が悪い、iPhone ガラスフィルムがすぐ割れた、などがこれです。低価格商品を販売していると品質には限度があるものの、ほとんどの要因は、仕入れ先が悪いか、検品ができていないかのどちらかです。不良が出やすい商品は検品をしっかり入れたり、仕入れ先の工場を複数テスト仕入れしてみるなどで解消することができます。

また、不良品が発覚した時のあなたのショップの対応でも低評価率は変わります。まず、先ほど解説していたレビュー用紙に「不良品だった場合はすぐに交換や返品対応させていただきますのでこちらの LINE にご連絡ください」など案内があればレビューを入れる前に相談いただけることが増えるので、低評価率は下がります。お問い合わせの対応で低評価はかなり減らせますのでその点も覚えておいてください。不良品をお送りしてしまった場合、悪いのはショップ側であり、お客様にはご迷惑をおかけしているので真摯に向き合って対応しましょう。間違えても、機械的に「交換しますので」みたいな対応はしないようにしてください。

ただ、きちんと対策して対応しているにも関わらずあまりに低評価率が多い場合は、商品自体がお客様に対してベネフィットをもたらしておらず価格と見合っていない可能性が高いので、そういった商品は根本的に販売している商品を変える必要があるのでそこはご注意ください。価格に関係なくお金をお支払いいただいているのでそこは「安いんだから文句言うな」という考えは持ってはいけません。ダイソーや吉野家は安いですが「安いんだから文句言うな」ではなくて「安くても良いものをお届けする」という考えで運営しているからこそ長い期間支持されていますね。

②「大きな期待はずれ」

これは「お悩み解消系の商品」に多いです。例えばどこかの痛みを軽減する商品を販売している場合、販売ページでいかにも効きそうな訴求をしてしまいます。それをやりすぎると、商品が万人ウケする物なら良いですが「全然効果がないじゃないか！」という怒りのレビューになって返ってくることがあります。商品というのは悩みが深ければ深いほど、高く売れるとも言われますが、それは良いものを提供できなければマイナスの感情で返ってくると思ってください。間違っても適当に仕入れた商品をいかにも効果があるように訴えかけるのは逆にリスクが高いです。

訴求内容は、定量的に判断できるものだとクレームになりにくいです。例えば、キャンプなどに使うランタンという商品の場合「1000ルーメンの明るさ」と訴求していて本当に1000ルーメンであればそこにクレームは入らないですよね。でも定量的の逆、定性的なものの場合はクレームになりやすいです。例えば、腰痛クッションという商品の場合、いくら良い商品であっても人によって感じ方が違いますし、症状によっても効果が異なり数値化できません。そういったものは「期待はずれ」「販売ページで言ってたことと違う」という感情になり、低評価になりやすいです。ただ、そういった商品は避けるべきということではなくて、悩みの深いものは売れる商品が多いので、チャンスも多いです。中級者以上になると逆に狙い目でもありますので、商品販売に慣れてカスターマーサービスが整ってきた段階で対策をしっかりしつつ戦略的に販売すると良いでしょう。

③「不親切」

これは対応が悪いショップに多い低評価です。連絡したが返答が雑だったとか、配送が遅いとか、使い方よくわからなかったとか、販売者側で対処できることがほとんどです。これは避けられますので、しっかりお客様の問い合わせに対応し、わかりやすいページ作りをして、ヤマトフルフィルメントで優良配送にしておくのが良いですね。

ちなみに問い合わせ対応やクレーム対応などは外注さんに任せることが可能です。外注化の項目でもお伝えしますが、私自信、クレーム対応等は一切行いません。ビジネス歴も長いので、だいぶタフにはなってきましたが、私は元々HSPの傾向が強く、小さなことで悩んでしまうタイプでした。クレームを受けると数日間落ち込んでしまうこともあるので業務に支障が出ます。ですので、早い段階でクレーム対応やお客様の対応は外注さんで仕組み化しました。クレームは宝であり貴重な意見だ！という声もありますが、それは商品開発や改善の時にすくい上げて抽出すれば良いだけで、苦手な人が毎日対応するのはデメリットの方が大きいです。

また、経営者は利益を出すことが最重要ですので、繰り返し発生するクレームは知っておいて改善する必要はあるでしょうが、全てのクレームの対応をする必要はないですね。きちんとした商品を販売しているのであれば対応自体はお任せしても大丈夫です。

「低評価レビューのまとめ」

①「品質が悪い」

②「大きな期待はずれ」

③「不親切」

基本的に低評価レビューというのは、お客様が期待値を大きく下回ったときに発生するものです。レビュー取得のところでもお伝えした通り、レビューを書く行為自体が手間のかかるものなのに、わざわざ低評価レビューを書き込むというのは、よほどお客様が強い不快感を抱いたということになります。

一方で、低評価を気にしすぎるのも良くありません。一定のレビュー数が集まれば、どんなに良い商品を良い対応で販売していても低評価は一定数入ります。お客様の誤操作により低評価が付くこともあります。どうしても避けられない低評価も一部存在しますので、やるべきことをやっているなら受け入れる必要があります。イレギュラーな低評価に落ち込んだり、考え込んでいても時間を浪費してしまうだけです。

実際に私が体験した事例ですが、バリエーションが５色ある単品販売の商品で、「単品での販売」と商品説明や画像に記載していたにも関わらず、「５色のセット商品だと思っていました、１つだけ送られてきてがっかりです」と低評価レビューが入ってしまったことがありました。サムネイル画像にもサブ画像にも単品での販売とわかるようにしていましたし、カートに入れる際にカラーを選んでいただいているので勘違いするはずはないと思いましたが、実際にそのような理由で低評価が入りました。

1000 件ぐらい販売したら１件ぐらいは、このような防ぐのが難しい低評価もあるものなので、そこは気にしすぎず、可能な範囲で対応すると良いです。１％以下の事例にフォーカスしてそこに囚われてしまうと間違った対策をしてしまうこともあります。例えば、先ほどの単品での商品を５色セットと勘違いされて低評価がついてしまった時に、それを防ぐことだけにフォーカスしてしまうと、販売画像に「この商品は単体商品で５つセットではございせん！」と大きくテキストで表示したりしてしまうかもしれません。そんなことをすると販売画像として売れにくい画像になりますし、雰囲気も壊れてしまいます。他の情報より目立ってしまい購買率が下がります。結果的に売上が減ってしまうので本末転倒です。かなりの低確率のことにフォーカスしてそっちに合わせるよりも、大多数の方にわかりやすく伝えられているならそれで良いです。ですので、そういった部分は割り切って考えるのがお勧めです。また、レビューの投稿内容は喜んでいる内容なのに、レビューの数字は悪い、ということがたまにあります。これはお客様による操作ミスでそうなっていることが多いので、フォローメールとして連絡させていただく際に、さりげなくお伝えすると修正いただけることがあります。

「アクセス数」を上げる7つの方法

アクセス数が少なければ、いくら優れた商品を持っていても売ることは難しくなります。結局のところ、売上は「アクセス数×購買率×顧客単価」によって決まるからです。集客ができなければ商売は終わりですので必ずマスターする必要があります。

そこで、Yahoo!ショッピングでアクセスを増やす7つの方法をお伝えします。ここまでで伝えてきたことのおさらいでもありますが、とても大切なことですので、しっかりと理解するようにしてください。

「アクセス数」を上げる7つの方法

① キーワードを最適化する
②「安い順」で上位表示させる
③「おすすめ順」の順位を上げる
④ サムネイル画像のクリック率を上げる
⑤ PRオプション料率を上げる
⑥ アイテムマッチを打つ
⑦ その他の広告を打つ

1つずつ解説していきます。

① キーワードを最適化する

（POINT）商品タイトルに重要なキーワードを入れる

タイトルのキーワードはかなり重要なのでこだわりましょう。順番により効果が異なるので、より重要なキーワードを前半に並べるようにしてください。基本的には、その商品に関連するキーワードで検索数の多いものを並べましょう。特定の狭いターゲットを設定している場合は、その属性に合った狙っているキーワードを先頭に置くことも有効です。

②「安い順」で上位表示させる

（POINT）「おすすめ順」の SEO を上げるために、まずは「安い順」の上位に出す

SEOの復習にもなりますが、商品が売れない理由の多くは、検索順位が中途半端になってしまっていることです。顧客は検索を通じて商品を購入するため、検索結果に表示されなければ売れるはずがありません。「おすすめ順」で一気に上位表示を狙うためには、高額な広告費を投じるリスクがあり、かつ必ずしも表示されるわけではないため、商品の価格を下げて「安い順」で上位表示を狙うことで、アクセス数を増やすことが鉄板の手法です。

③「おすすめ順」の順位を上げる

（POINT）アクセスを増やす基本戦略は「おすすめ順」

「安い順」で上位表示に成功して、アクセスを増やし、注文が増えてきたら、徐々に「おすすめ順」の順位が上昇します。いくら小手先のテクニックで一時的にアクセスが増えようと、おすすめ順の順位が上がらないとアクセスは安定しません。また「おすすめ順」の上位に表示されてなければ、アクセスが安定しないため、値上げも困難です。値上げのタイミングに関しては早すぎる人が多いので、しっかり「おすすめ順」の上位に表示されて、アクセスと注文数が安定してから値上げしましょう。

④サムネイル画像のクリック率を上げる

（POINT）サムネイル画像は売上にかなりの影響を与える

単純計算ではありますがクリック率が２倍になれば売上は２倍になります。もちろん単純にはいかないかもしれませんが計算上はそうなります。つまりクリック率はそれほど重要だということをお伝えしたいのです。ターゲットから大きく外れた顧客層を無理に集めるのは意味がないですが、見込み客のクリック率を最大化するためにもサムネイル画像にこだわりましょう。

またライバルとの比較が重要なため、自己満足ではなくて、売れている競合のサムネイル画像を複数並べて「この画像でライバルと見劣りしないだろうか？」「１番クリックされる画像だろうか？」と比較して考えるのが良いです。主観ではなくて、ターゲット層に近い人に聞いてみるのが有効です。特に、女性商品を男性が判断するなど、自分とかけ離れた属性のターゲット商品の場合は、主観で判断すると見誤ることが多いので注意が必要です。

そして必ずスマホでチェックしましょう。ほとんどのお客様はスマホからの注文です。販売者目線でパソコンの画面だけで判断するのではなく、スマホで最終チェックを行いましょう。

⑤ PR オプション料率を上げる

（POINT）PR オプションは随時調整しながら最適化する

注文が増えて「おすすめ順」の順位が上がってきた状況では PR オプションを使い、さらに順位を上げてしまうのもアクセスアップにかなり有効です。PR オプションは反映が早いので、狙っているキーワードを中心に、料率を変えたら表示順がどれぐらい変わるかをメモしながら調整しましょう。特にメインのキーワードで「おすすめ順」の１ページ目に入っている場合は、PR オプションで最上位も狙えることが多いので調整してより順位を上げてみましょう。ただし、PR オプションはかなり利益率が削られるのできちんと利益計算しながら、最終的に売れて軌道に乗った時には設定料率を下げて調整するなどしてください。

⑥ アイテムマッチを打つ

（POINT）レポートを定期的に確認して調整する

アイテムマッチは課金型の広告ですので赤字になることがあります。レポートを定期的にチェックしましょう。利益額がわからないと数値が良いか悪いかの計算ができないので、必ず各商品の利益額を出しておきましょう。

アイテムマッチ自体では利益が出なかったとしても、アイテムマッチ経由で全てを販売するわけではないので、アイテムマッチ経由での売上が何％なのか把握しておくことが大事です。仮に広告での注文は利益ゼロだったとしても、広告経由の売上比率が全体の売上に対して 10％だったとしたら、利益率が 10％下がるだけなので多くの場合、成り立ちます。

広告はデータを見て調整していくことが大事ですので、データを検証しながら徐々に改善していくことにより必ず有効に使えるようになりますし、最終的に大きな武器となります。

⑦ その他の広告を打つ（アイテムマッチと PR オプション以外）

（POINT）需要が高く争いが激しい商品にはその他の広告も活用する

上級者向けではありますが、アイテムマッチと PR オプション以外の広告を使ってアクセスを増やすことも検討しましょう。８章でもお伝えしましたが、気軽に実施しやすいのは「倍！倍！ストア」です。実施しやすいですが利益を回収しにくいです。ですので、常時参加するというよりは、売上の山を作りたい時にSEOの底上げのために行うイメージです。商品数が多いショップの場合は強制的に全商品が対象になってしまうので、費用対効果としては悪くなりがちです。いろんな商品を扱うショップよりは、専門店やブランドショップとして打ち出しているショップなどが有効な広告になっています。まずはアイテムマッチやPRオプションで商品個別で調整するのが良いでしょう。

他の有料広告もいくつかありまして、例えば、イベント時の特集ページに掲載する広告などもあります。実際に何種類も広告を試してきましたが、そういった広告は基本的に広告費に対する回収率は低いです。Yahoo!ショッピングだけでも10種類以上の広告を試しましたが、アイテムマッチやPRオプションほど費用対効果の高い広告はありませんでした。

ただ、広告によっては、一気にアクセスを集めることができるという特徴はあります。アイテムマッチやPRオプションは、一気にアクセスを集めるというよりは、基本的にはジワジワと毎日アクセスを増やすことができます。メルマガ広告やイベント広告など、沢山の人が見る場所に表示させる広告は、単発的に大きなボリュームのアクセスを集めることが可能です。一気にアクセスを増やして一気にSEOを押し上げたい時には有効です。ただし、費用対効果は悪いことが多く、１回の広告で数万円〜数十万円の費用がかかります。ですので、利益率が高い商品を販売していて、尚且つ資金的に余裕がある人はチャレンジしてみても良いと思います。

以上が、「アクセス数」を上げるための重要となる７つの方法を振り返りました。アクセス数が原因で売れていない商品は、まず、この７つの方法を繰り返し見ていただき、対策してみてください。

58歳からのチャレンジで脱サラに成功！毎月旅行を楽しむワタナベさん

ワタナベさんとは２年以上の付き合いになります。知り合った時は副業で中国輸入に取り組まれていて専業にすることを目指しているとのことでした。物販歴としてはAmazonでせどりを数ヵ月行って挫折し、メルカリで中国輸入を行なっている状況でした。Yahoo!ショッピングは出店したばかりでこれからメイン販路にしていきたいとおっしゃられていました。

受講いただく人の多くはモチベーションが高く、１年で月商500万円以上にしたいです！　など、半年や１年でなるべく大きな結果を出したいと目標を掲げる人が多いのです。しかし、ワタナベさんは「限られた作業時間でコツコツと実践していくので、少しずつ構築していければ良いです」とおっしゃられ、定年退職を迎えるまでには、会社を退職したいと想いを語られていました。退職まで数年間のことかもしれないけど、残りの人生が少なくなってきているからこそ、そのまま惰性した気持ちで会社員を続けたくないとのことでした。

ワタナベさんは、PCに強いわけでもなく、作業スピードが早いわけでもなかったのですが、年下の私のアドバイスにも何も反発することはなく全て素直に受け入れていただき、しっかり丁寧に実践されているのが印象的でした。その結果、１年ほど経過した時に月商が200万円を超えていて、スキルも上がっており、利益もしっかり出ていたので見事に脱サラして専業にする目標を達成されました。そこから思い切りアクセルを踏むようなタイプではなかったのですが、コツコツと真面目に取り組まれて、現在では月商が500万円を超えて、外注化により自由な時間もかなり増えて、定期的に旅行を楽しまれています。先日も１週間のタイ旅行を楽しまれていました。趣味のサッカー観戦も年間30回以上行けるようになったと喜ばれていて、とても嬉しい気持ちになりました。

ワタナベさんには、私もチャレンジすることに年齢は関係ないということを再認識させていただけましたし、勇気を持って挑戦して人生を大切に生きるということを学ばせていただきました。身をもって年齢は関係ないということを証明したいただいたワタナベさんにはとても感謝しています。これからもさらに自由に、さらに理想の生活を叶えていただきたいと思います。

（左）ワタナベさん　（右）おくだ

第10章

9割の作業を「外注化」する方法

忙しいのに儲からない！から自由でも儲かる！へ

想像してください。

あなたが来月から、年収３倍になれるとします。

でも条件があります。

休みは月４日です。夜でも休日でもおかまいなしに仕事の連絡が入ります。長期休みをとると収入は下がり、常に稼働していないと収入を維持できません。

これって幸せだと思いますか？

私は全く幸せだとは思いません。結局のところ、収入だけ上がっても幸せは手に入らないと、ある程度の人生経験をしてきた人なら感じている人が多いと思います。

しかし、家族旅行に行ったり、愛する人と温泉に行ったり、地元に帰省して友達と会ったり、お正月にゆっくりしたり、子供のイベントに参加したり、キャンプに行ったり、そんなプライベートを楽しみつつ、売上や収入が落ちないのであればそれは幸せですよね？

私が今まで数多くの方へ指導させていただいた中で、沢山の感謝の声をいただくことができました。その中で１番多い内容は「自由になれて良かった」というものです。「お金を稼げるようになって良かった」という声も多いのですが、それ以上に「自由」になれて本当に良かった、という声が圧倒的に多いです。縛られて、やらされるようにやっていた仕事から解放されて毎日の仕事が楽しくなったとか、やりたいことを自由にやれる喜びを知ったとか、家族との時間が増えて幸せを感じているとか、自由に関する沢山の喜びのメッセージをいただきました。

そういう声を聞いたり、日々お悩みの声をいただくと、社会というのはそれほどまでに自由がないものなんだなと痛感しました。好きな仕事や、やりたいことをやるというのは多くの人にとっては夢物語で、日々やりたくない仕事をやりたくない職場でやりたくない人間関係でやっている。そんな人が多いと改めて知ることができました。

もしあなたも仕事内容や通勤や働く時間や人間関係にストレスがあるのであれば、それらの解決策として「外注化による仕組み化」をあなたのビジネスに取り入れてみてください。

最終的に自分の副業やビジネスを仕組み化することができれば、仕事内容も自分で選ぶことができますし、働く時間も自分で調整できるようになります。

事務所じゃなくて自宅で仕事しても良いですし、沖縄などでワーケーションしながら仕事することだってできます。物販だからといって在庫を自宅や事務所で抱える必要もありません。嫌な人間関係も無くなりますし、自由を手に入れることができるでしょう。

私がひとり物販で年商1億円を達成した時は、すでに外注さんによる仕組み化が構築できていたので、売上を拡大しながらも、新しくオリジナルブランドを立ち上げたり、他の販路に出店したり、物販スクールを立ち上げたり、新しいビジネスを展開をしていきながら、プライベートでも月に1回は旅行などを楽しんでいました。

私が指導させていただいた加山さんという受講生は、Amazonで貧乏セラーだったところから、Yahoo!ショッピング出店1年で月商500万円、月利100万円を達成されて、なおかつ仕組み化にも成功して現在では1時間労働になりました。まさにこの章でお伝えする「外注化」「仕組み化」を駆使した結果によるものです。忙しいのに儲からない！と嘆いている物販セラーを外注化ノウハウで救いたい！　という気持ちが本書を書く強い動機の1つでしたので、あなたも日々、仕事に追われている場合は、物販の多くの作業を外注化して、仕組み化して、自由な時間を手に入れてください。あなたが望む本当の理想の人生を生きていけるように活用していただければ幸いです。

アパレル運営で年商1億円！ストレスが増える日々

私は過去にアパレル店舗の運営を10年近く行っていました。友人と立ち上げた店でしたが、当時20代だった私たちは、ネットやSNSを有効活用することで、何とか年商1億円規模のビジネスに育てることができました。

しかし、内情としてはかなり厳しい状況が続いていました。まず、私たちはブランドから商品を仕入れて販売していたため、利益率が低く、世間的な年商1億円というイメージとはかけ離れた収益でした。忙しくて売上目標は達成できたけど儲からない。ずっと悩みながら運営していました。さらに、売上が不安定だったため、私を含む経営陣は給与がゼロになる月も何度もありました。当時の私達の武器は「若さ」だったので、体力勝負で時には徹夜で働きました。

当時まだネットを有効に活用しているアパレル店舗は少なかったため、SNSを駆使してなんとか売上を伸ばしていきました。当時、インスタやYouTubeがまだ流行っていなかった頃で、ブログにコーディネートの写真を投稿したり、Facebookに投稿したりすることが主な手段でした。

自分たちの戦略が明確になり、毎日のようにコーディネートの写真を撮影し、ブログなどに掲載することで注文が増える流れができました。それは一見ありがたいことのように思ましたが、1つの問題点がありました。それは、私たちがSNSに写真を掲載しないと売れないという現象です。そのため、主要メンバーが休むと売上が下がったりと安定しない状態となっていました。

それでも、小さなアパレル店舗なりに、かなりの奮闘はしていましたが、他の店舗もネットやSNSに力を入れ始めたことで徐々に競争力が弱くなっていきました。それに追い打ちをかけるように、ZOZOがバンバンCMを打つようになり知名度が上がり、私たちが扱うブランドも扱うようになりました。さらに、ZARAなどの知名度や人気も上がり、GUなどもクオリティが高くなっていくことで、毎年状況は悪化していきました。

結果として、年商1億円を2～3人で達成していたものの、忙しさは増し、収入は減り、未来の不安はなくならず、人間関係のストレスは増えるばかりでした。その絶望感は今でも鮮明に覚えています。そんな状態から私は未来が見えなくなり、副業に気持ちがいくようになり、ネットビジネスの世界にのめり込んでいきました。いろんな副業を経験して失敗ばかりでしたが、最後に取り組んだのが「中国輸入」でした。

ひとり物販で年商１億円達成して感じた幸せ

その後、私はアパレル業を辞めて中国輸入ビジネスで起業しました。当初は予想通りには進まず、アパレル時代以上に倒産の危機が何度もありました。しかし、数年経過した後に「Yahoo!ショッピング出店」をきっかけに事業を安定させることができました。実は、この時を境に大きく変化したのは「外注化」の仕組みを作ることができた部分が非常に大きいと感じています。以前行っていたメルカリやヤフオク販売などとは大きく異なるECモールでの販売で、フロー型からストック型へのビジネスモデルを意識して、外注化することを積極的に取り組むようになったのです。

中国輸入で起業した時に特に重視していたのは、「事務所を借りない」「従業員を雇わない」という２つのポイントでした。アパレル時代に鳥インフルエンザが流行したり、東日本大震災が発生したり、自分たちにはどうしようもない問題も時に起こりました。そういった時に深刻だったのが、固定費を垂れ流すことです。必ず毎月、家賃や従業員の給料などの固定費が発生してしまうので、会社の利益が減ったらマイナスになるので、死活問題だったのです。

中国輸入ビジネスを始めてからは、売上が伸び悩む時期は厳しかったですが、アパレル時代とは異なるメリットを感じることができました。自宅で１人で運営していたので、利益が少なくとも固定費がほとんどないため、最低限の利益さえ出れば倒産の危機はありませんでした。この安心感は非常に大きな要素でした。そして、通勤時間が必要ないため、朝の運動や家族との時間に時間を充てることができました。また、従業員を雇っていなかったため、仕事を始める時間も自由で、体調が悪い日は誰にも気を使うことなく早めに仕事を終えることもでき、自由に働く日や時間を調整することができました。家賃と従業員の固定費がないので、調子が悪い時にも最低でもこれぐらいは稼がなければならないというデッドラインが非常に低く、そういった面で新しい発見がありました。

外注化の場合、マニュアル等を提供してオンラインでやり取りして業務を行ってもらいますので、日々連絡を取り合う必要がありません。そして、賃金は作業毎の単価や、時給での支払いとなっており固定費ではなく、変動費となっているため、不測の事態が発生して売上が大きく下がった時でも人件費調整できるのです。

私は、中国輸入やECモール販売の物販業務と外注化は最高の組み合わせだと考えています。営業部隊とか優秀なスキルを持った従業員がいなくても、拡大することができるビジネスモデルだからです。あくまでビジネスの規模や目指す目標によりますが、例えば、年商３億円以下、月収で数百万円規模であれば外注化を駆使した「ひとり物販」で十分達成できます。

ひとり物販で年商１億円を達成した時は、深い充実感と幸福感を得ることができました。なぜかというと、家族と一緒に過ごす時間が増えて、自宅で自由に仕事をしながら、自分自身の時間をコントロールし、場所や人間関係に縛られずに仕事ができるという「自由」を感じられていたからです。

業務を自分と外注さんで行うことの大きなメリットは、固定費が少なく、倒産リスクが低く、時間が圧倒的に増えること、人間関係のストレスが大幅に下がる、ビジネス内容を柔軟に変化させることが可能という部分です。

例えば、コロナのような未曾有の事態に遭遇しても、事業を柔軟に運営し、売上を拡大することが可能でした。仮に今後、大きな災害やトラブルが起こっても、ビジネスを拡大しようとしても、縮小しようとしても、柔軟に対応できるこの外注化システムは最高の物販ビジネスモデルだと確信しています。

すでに従業員がいる方や事務所がある方も安心してください。今のビジネスの状態の中で、「自由度」を上げることは可能です。そして、自由度の高い「ひとり物販」に近いスタイルに徐々に移行していくことも可能です。今以上に拡大する前にこういった違う形のビジネスモデルを知ることで選択肢の幅も広がると思いますし、柔軟に対応して取り入れていただければと思います。

9割の作業を外注化できる

私は副業を含めるとこれまで様々なビジネスに取り組んできましたが、中国輸入やYahoo!ショッピングの販売は、外注化に非常に適していると感じています。なぜかというと、このビジネスは重要な作業では成果に大きな差が生まれますが、全体の業務の約9割は特殊なスキルが必要ない業務だからです。例えば、重要な作業としては、リサーチ、商品ページ、SEOなど本書でお伝えしてきた部分になります。こういった部分は知識やスキルによって成果に大きく影響しますが、その他の大部分の作業は時給1000～1500円程度の外注さんに任せても成果はほとんど変わらず、仕組み化していくことが可能です。この点が、このビジネスが外注化に非常に適している理由です。

また、そのような作業を行える外注さんを見つけやすいという利点もあります。

中国輸入で仕組み化するならトップダウン型

仕組み化については、ビジネスの性質によって方法が異なります。たとえば、一部のビジネスでは、チームを組んで共同でプロジェクトの成果を生み出す「チーム型」の仕組み化が向いているかもしれません。また、従業員を育成し、その能力を活用してビジネスを展開する仕組み化もあるでしょう。しかしながら、輸入ビジネスやECモール販売においては、これらの方法よりも「トップダウン型」の仕組み化が最も適していると私は考えています。

トップダウン型とは、トップが全ての意思決定を行い、それを基に各作業者に指示を出すスタイルです。基本的には作業者から意見を聞くことは少なく、提案についても限定的にしか採用しません。輸入ビジネスのECモール販売では、トップダウン型で全く問題ないと私は思います。ただし、間違った指示を押し通すようなワンマン経営者のイメージとは違うのでそこは勘違いされないようにしてください。

輸入ビジネスのECモール販売では、一部の重要な作業を除けば、大部分が単純作業です。重要な作業とは、リサーチ、商品選定、ページ作り、SEO、広告、そして運営者側の管理といった部分です。その他の多くの作業は外注化して、マニュアル通りに決められた作業を行なっていただきます。重要な作業に関しては、あなたが徹底的にこだわって高い水準で作業します。そのため、外注さんなどの意見やアイデアを採用することを推奨しません。

お任せしている業務に関してより効率良く行うための意見であったり、そういったアイデアは汲み取ることも良いと思いますが、重要な作業についてはあなたの方が遥かに詳しくスキルが高くないといけませんので、そういった意味でトップダウン型が良いです。言い換えれば、最も重要な作業や運営については、ビジネス素人の外注さんの意見が採用されるような状況ではいけないのです。

例えば外注さんやスタッフが良かれと思って「現在の流行に合わせた商品を扱った方が良いのでは？」や「インスタグラム広告を出せば、もっと売れるのでは？」などと提案することもあるかもしれません。しかし、運営者のあなたはすでにそのようなことはすでに検討済みで、判断を下している状態であるのが望ましいです。チーム型の組織が間違えということではなくて、あくまで本書でお伝えしているようなスモール物販のビジネスで年商数億円ぐらいまでを狙う方への最適なアドバイスとしてお伝えしております。

ただし、このように外注さんなどの意見を聞かないトップダウン型というのは、その分、覚悟が必要となります。なぜなら、あなたが圧倒的な知識とスキルがなければただの聞く耳を持たないワンマン社長になりかねないからです。

では、このトップダウン型で間違った行動を取らずに進めていくために必要なことをお伝えします。それは、常に外注さんやスタッフより圧倒的実力差をつけて、アイデア勝負をしたら10回中10回あなたのアイデアが優れている状態にすることです。そのためには常にインプットが必要です。コツコツ勉強するというイメージではなくて、濃密な情報をたくさん取り入れ、それをすぐに実践してアウトプットを繰り返し、フィードバックを通じて知識とスキルを磨いてください。そして重要な作業以外は外注化し、重要な作業にリソースを注いでいく必要があります。

小さな会社や個人の強みの1つは、スピードです。大きな会社では、多くの人々との協議や決定が必要となりますが、小さな会社や個人で結果を出すためには、このスピード感が強みとなります。そのため、最速のスピードを確保するためにもトップダウン型が最適と言えます。

従業員が既にいる場合はどうしたらいいか？

既に従業員を雇っている場合は外注さんでの仕組み化はどうしたらいいのか？　と迷われると思います。受講生の例としても、このようなケースは何度もありましたので実践ベースでのやり方をお伝えします。

まず結論から言うと従業員さんがいる場合も外注さんは必要になります。従業員さんはおそらく時給1000円よりは賃金が高いと思います。このビジネスモデルの場合、時給換算すると1000円以下の方でもできる作業が数多くありますので、そのような作業は従業員さんではなく外注さんにお任せした方が良いです。そして、従業員さんに全てをお任せしてしまうと、その方が辞めてしまったり病気になられたりするとアキレス腱になってしまうため、可能な限り作業は１人に任せず分散するのが好ましいです。

もし、別の事業を運営しながら、物販事業を立ち上げる場合は、現在の従業員さんは今までの仕事をお任せする方がお勧めです。なぜかというと、このビジネスは先ほどお伝えしたようにトップダウン型が向いていますので、先に作業が決まっていて各作業に向いている人を割り当てていくのが良いので、人に仕事を充てるより、仕事に人を充てていく方が良いのです。人に仕事を充てると、「この作業は向いていないかもしれないけどこの人になんとか頑張ってもらおう」という発想になりがちですし、この人は向いているはずだ！というバイアスもかかります。

例えば、在庫管理という作業がありそれを任せる時に、外注さんを雇う場合だと、よりその作業に向いている人を採用して仕事を任せることができます。既存の従業員さんにやっていただく場合は、もしその作業が苦手だった場合も仕事を振ることになってしまいます。ですので、その従業員さんがその作業に向いているのかどうか？　その従業員さんの賃金的に損しない業務なのかどうか？　を吟味しつつ決めるようにしてください。もし、現在の従業員さんに最適ではない作業がある場合は、その作業は新たに外注さんと契約してお任せすることをお勧めします。

外注さんだけで運営するときの注意点

まずは外注さんのライフスタイルを理解しましょう。クラウドワークスなどで外注さんを募集して、応募してきてくれる人は主婦の方が多いです。中には男性のフリーランスの方や、独身の女性もいらっしゃいます。仕事をお任せするのは、個人的には主婦の方がおすすめです。

理由は真面目でしっかりしている人が多いからです。偏見と思われるかもしれませんが、実際に短期のお仕事を含めると30名近くの方と契約してやり取りをして、受講生さんを通じて数百名への外注さんへのアドバイスしてきた経験から、主婦の方がお勧めです。いろんな方を今まで雇ってみて、圧倒的に主婦の方が良かったです。生徒さんの意見も同じでした。ただし、画像加工をしていただく方に関しては性別は特に関係ないです。クリエイティブな作業は男性でも女性でも良いですし、年齢も影響ないのですが、毎日決められたルーティン作業などは、主婦の方が向いている傾向にありました。

では、どんな作業が向いているのかですが、クラウドソーシングに応募される主婦の方は在宅で空いた時間で稼ぎたいと思っている方が多いです。ですので、そもそも作業を習得するのに時間がかかることは向いてません。作業を覚えるのに「1ヵ月かかります」とかは向いてないです。

そもそも、技術を習得するのに期間かかるスキルというのは、技術に差が生まれるので、ルーティン作業の外注化さんには向きません。スーパーマーケットのレジ係り、郵便物の仕分け、飲食店のホールスタッフなど、手順を明確に定めることで誰でも同様の結果を出せるような作業は、外注化に適しています。

一方で、特定の技術や知識が求められ、その結果に大きな差が生じるタスクは、自分で行うことで成果の上がることは自分で行い、その分野のプロが存在する場合は特定のスキルを持った外注さんや業者に業務委託したり依頼するべきです。

例えば、画像加工などの作業は、そのような特定のスキルが求められる例です。このような作業は、通常の外注とは異なる対応が必要となります。技術に差が生まれるタイプの外注さんはスキルが高く仕事のスピードなども考慮して選考します。通常のルーティン作業や雑務をしていただく外注さんに関してはスキルでは決めなくて大丈夫です。もちろん最低限PCが触れるとか、計算ができるとか、報告ができるとかのスキルは必要ですが、才能みたいなものは必要ありませんし、高学歴も特に必要ありません。高学歴をアピールして応募していただける方もいらっしゃるのですが、プライドが高い人が多い傾向にあり、逆に業務の依頼に支障が出た事例も何回かありました。ですので、学歴とか資格とかは特に関係なく、ちゃんと指示通りにマメで真面目に働いていただけれるかが重要です。

どんな外注さんを雇うのが良い？

では具体的にどんな人を雇うのがお勧めかというと、ズバリ、トップダウン型の組織に適した「イエスマン」が理想的です。指示通りに、丁寧かつ迅速に業務を遂行することができる人物です。アイデアを出してくれる方は特に必要ないです。もちろん主婦目線での意見などを参考にさせていただくことはありますし、質問する時もあります、ただし、運営に関してや経営に関わることなどは提案してこない人が理想です。運営に関して度々提案されると、それを無視することにより不快感を生じさせる可能性もありますし、一方でそれを受け入れる提案はごく稀です。そのため、自分から積極的に意見を提案しない方が、仕事を進める上ではスムーズです。

　また、コミュニケーションの頻度が高すぎない人、ただしや問題が発生した際には即座に報告してくれる人も理想的です。つまり、日々の連絡は頻繁に行わずに、必要なことに関しては迅速に連絡を取ってくれる人が良いということです。そして、これは特に重要なのですが､感情の起伏が激しくない方が良いです。感情が動きやすい方は、何か起こった時にプラスにもマイナスにも振れやすいので、価値観の違いが生じた時やこちらに対して不満が生じた時は一気にマイナスの感情が爆発してしまう可能性も高いです。

　ですので逆に､面談などであっさりしている人だなと感じても､淡々と作業していただける方というのは、向いてることが多いです。毎日作業していただく作業であればあるほど、感情があまり上下しない人が向いています。私の経験としても、３年以上継続していただいている外注さんはこのタイプが多くて､感情的になりにくい､一見テンションが高くないタイプの外注さんは、お互いに不満をぶつけたり、トラブルになったことがありません。

　私は今まで何百人もの受講生の外注関連の相談を受けています。トラブルも何度か仲介させていただきました。その時の経緯を聞いていると、最初から意見が多い方や、感情の起伏が激しい外注さんとのトラブルがほとんどでした。そういった方が悪いというよりは、淡々と同じことを同じクオリティでいいので毎日感情や体調に左右されずやっていただける方が向いているからだと思います。

　ですので、真面目でマメに淡々と作業していただける方、毎日のクオリティが体調や感情で変化しない方が外注さんとしてお勧めです。基本的にはマニュアルを見てそれを実行できない人は厳しいので、ある程度の理解力は必要になります。そして、マニュアルを見て面倒くさそうだなと感じてもそれを実行してくれる人じゃないと困ります。

そういった適した方を見つけるコツとしては、募集時の投稿文にあえて「わざと面倒な項目を入れる」というのがお勧めです。例えば、応募の際に質問に回答して応募文をお送りください。という感じでちょっとめんどくさいなという条件をつけることによって、そのハードルをクリアした人しか応募しませんし、その質問に対して丁寧に回答してくれているか？　質問の意味がわかっているか？　などを見れば選考に役立ちます。

外注さんはどこで見つけるの？

お勧めするサイトは「クラウドワークス」「ランサーズ」「シュフティ」です。

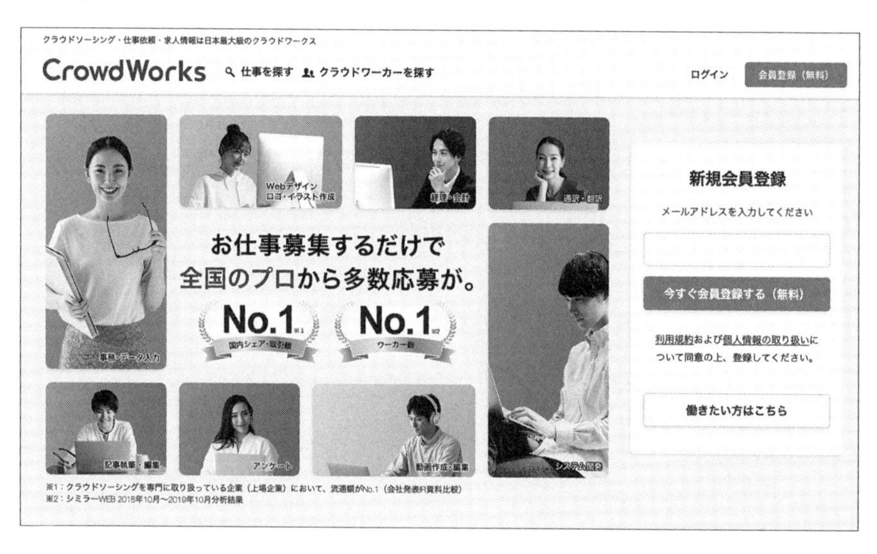

特徴としては、「クラウドワークス」は最もメジャーな外注サイトで、CMでもバンバン流れているのでご存知の方も１番多いと思います。実際にユーザーは圧倒的に１番多いのがクラウドワークスです。応募

いただく方も外注に慣れている方が多いことが特徴でもあります。これは良い点も悪い点もあります。良い点としては、応募していただける確率や人数が多く話しがスムーズな方の割合が多いです。また、サイトの機能性も高いです。あと、例えばクリエイティブな作業をしていただく方を募集する際などもスキルの高い人が見つけやすいなどもあります。悪い点としては、外注さんとしてウブな人が少ないというのがあります。いろんな方とのやり取りの経験もそうですし、他の投稿にも目を通して比較している人が多いため、言葉としては悪いですが「賃金は安いけどしっかり働いてくれるタイプ」が少ない傾向にあります。ここに関してはランサーズとシュフティの方が色んな外注の仕事をしていない方や比較していない人が多いというのを肌感覚で感じてきました。

「ランサーズ」に関しては、クラウドワークスと機能やサイトの傾向は似ています。機能的や使い勝手もクラウドワークスとほとんど変わりません。ユーザー数はクラウドワークスに劣りますが、システム

利用料や使い勝手などは、ほぼ同じですので、クラウドワークスとランサーズを併用するというのもお勧めです。

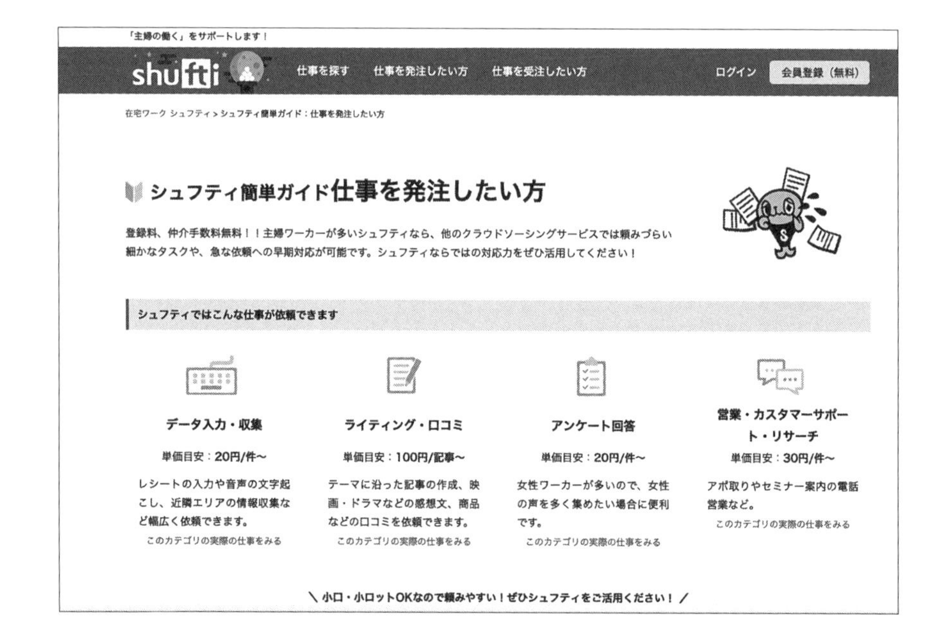

「シュフティ」に関してはその名の通り主婦の方の登録が多いです。私が初めて外注さんと契約したのはシュフティでした。物販の外注化は主婦の方が向いているので、相性が良いのです。ただし、マイナス面としては、単価を安く設定したお仕事が、事務局の仕事承認作業の際に非承認なることが多いです。以前、納品作業の方を募集しようとした際に「単価に関して○○円以上にしてください」と指示されたことがあり、その単価設定が明らかに金額設定が高過ぎる状態になっていました。そういった部分が使い勝手が悪いと感じる方もいると思います。

CMでお馴染みの「ココナラ」も募集用途によっては使いやすいです。スポットで依頼するときなど、例えばブランドのロゴを作っていただくなど、1回限りや数回だけ依頼するような作業に関してはココナラがお勧めです。先ほどまでのサイトと違い、ココナラは少しサイト構成なども異なり、さっきまでのサイトはどちらかというと希望する外注さんとマッチングできるイメージですが、ココナラはすでに何かを得意とするプロフェッショナルな人が数多く登録されているので、登録している人の中から選んで依頼する流れとなります。クラウドワークスなどでも同じようにこちらから登録者に依頼はできますが、こちらから呼びかけるシステムとしてはココナラが圧倒的に優れていて見つけやすいです。そのため、緊急時にもすぐ見つけて依頼しやすいですし、レビューがわかりやすく選びやすいです。

マイナス点は、ココナラはスキルが高くこだわりの強い人が多いので、威圧的な人が多い傾向にあります。依頼の仕方が気に入らないという理由で無断でキャンセルをされたり、ワーカーさんが募集している意図とずれているとあからさまな不満な態度を取られることがあります。これは、クラウドワークスなどと違い、依頼する方法が異なる部分も影響していると思われます。先ほどまでは、こちらが投稿してそれに価値観が合った人が応募していただく流れでした。そのため、応募してくださる方が「働きたいです。お願いします」という心境になるのに対して、ココナラの場合、人気の方にこちらから依頼する流れとなるので、こちらがお願いする立場になるからだと思います。もちろん全員が態度が悪いわけではなく、基本的には感じの良い方が多いです。ただ、一定数そういう人もいると思ってください。どのサイトもメリットデメリットがあるため、各作業で見つけたい外注さんに応じて使い分けるのがベストです。

沢山の外注さんに応募していただく３つのポイント

良い外注さんを見つけるためには、多くの人に応募してもらうことが重要です。そのためには、以下のポイントを注意深く考慮することが求められます。

１．募集する場所

クラウドワークス、ランサーズ、シュフティなどのサイトは外注さんの応募を集めるのに適しています。特に早く、確実に多くの応募を集めたい場合は、これらのプラットフォームを併用すると効果的です。

２．募集期間

締切効果を利用するために、募集期間は３～４日前後に設定することをお勧めします。例えば、10日間の募集をかけるよりも、短期間で集中して応募を集め、その後また再度募集をかける方が効果的です。

3．投稿文

この部分は非常に重要ですが、おろそかにしている人が多いです。外注さんを募集する時の投稿文は、商品説明文と同じように作ってください。具体的には、「メリット」「信用」「概要」の3つを募集文章に明確に記載することがポイントです。

募集文テンプレート

募集文章といっても文章が苦手な方や初めての方にはイメージがわかないと思いますので、募集文章の例を記載します。皆さんが全く同じ文章を投稿すると効果は薄くなりますので、あくまで構成などを参考にしていただいて、自分が希望する人をイメージしながらアレンジして使うことをお勧めします。

（タイトル）

急募！【経験者優遇】Yahoo! ショッピング（ヤフーショッピング）の顧客対応・納品作業

（文章）

大好評につき、当店ではヤフーショッピングの物販事業を
更に拡大することとなりました。

新たなチームメンバーを募集します。
一緒に事業を成長させて、幸せを共有しませんか？

すでに弊社では素晴らしいチームを構築しており、
主婦の方にも活躍していただいております。

今回、倉庫への納品の手続き、
在庫管理などの役割を担当していただける方を募集します。

私たちは互いを尊重し、助け合い、
良好なコミュニケーションを保つことで、
皆がWIN-WINの関係で幸せになれる職場環境を目指しています。

外注さんだからといって横暴な対応は致しませんので
ご安心ください。

【試用期間】

今回新たに募集するのは、Yahoo!ショッピング販売の倉庫への納品作業の役割です。

まず、試用期間として1ヵ月間の対応をお願いします。
主に、ヤマトフルフィルメント専用サイトを使用しての業務となります。
使い方はマニュアル動画等で解説しており、質問には丁寧にお答えさせていただきますので初心者の方でも大丈夫です。

ヤフーショッピング、楽天、Amazonで倉庫への納品作業の経験がある方、時間の融通がきき毎日仕事ができる方を特に歓迎します。

【報酬について】

納品作業 1 件につき 25 円を報酬としてお支払いします。

また、1ヵ月間は試用期間として作業をお願いします。将来的には時給報酬に切り替えることも可能です。

他の作業をお任せすることもできますので、
仕事量が増えれば、月収５～１０万円も可能です。

【メリット】

- 通勤がなく自宅で働けます
- 自分の都合の良い時間に働けます
- スマホでできる作業もあります
- PC があれば外出先でも対応可能です

【応募資格】

- PC、スマホ、ネット環境を所有していること
- Excel が使用できること
- 毎日作業が可能なこと
- 自己解決能力と問題解決能力があること
- 細かな作業が得意なこと
- 協調性とコミュニケーション能力があること

【応募】

以下をお知らせください。

- お住まい（県、市町村でも構いません）
- ご職業（専業主婦等）
- 性別、年齢など
- 経歴
- 受注代行歴
- PC、Excelの所有、作業環境
- １日の作業可能時間
- 作業可能な曜日や時間
- 自己紹介

最後までお読みいただきありがとうございます。

お互いが満足できる関係性で一緒に長く働ける方をお待ちしております。

ご応募、お待ちしております。

………………………………………………………………………………

外注マネジメント【人選】

まず、考え方として頭に入れておいていただきたのが、外注さんが機能しなかったり反抗されたり動きが悪いという事態が起こった時は、自分が悪いと思うようにしてください。相手を責めるのではなくて、自分が悪いと思って改善点を探す。相手のせいにしていても何も解決しませんし、何も改善していくことができません。ですので、この考え方を持ってください。ちなみにここで言う「外注さん」は通常のルーティンを行っていただく外注さんのことで、画像加工などクリエイティブ系の外注さんのことではありません。

外注さんが機能しないパターンというのはだいたい次の２パターンです。１つは人選ミス、２つ目はリーダーシップ不足。どちらも解説します。

１つ目の人選ミスに関してですが、まず外注さんを雇う時に重要なのが「その仕事に適した人を雇う」ということです。

これは作業としてもそうですし価値観なども擦り合わせが必要で「こちらが何を求めているのか？」を相手に伝えておく必要があります。それが伝わっていないと、こんな作業と思わなかった、ちゃんとやっているのに注意された、と不満が増えて離職に繋がります。

とはいえ、応募文章や簡単なZOOM面接等で適切な人を見極めるのは難しいと思います。そこでお勧めな方法が「試用期間」を設けるということです。

こちらの目的としては「その仕事に適した人」を探しているわけなので、実際に数週間なり１ヵ月なり作業をしていただいて、その作業が適しているかを見ると同時に、ワーカーさんからしても自分が望んでいた仕事かどうかの確認になり、あなたとの価値観の擦り合わせの期間にもなります。ですので募集時に試用期間のことを書いておくのが良いですね。

また、「優秀な外注さん」の定義を勘違いされている方も多いのですが、「優秀な外注さん」とは世間で会社員に言われているような自ら考えて動いてくれる人ではありません。優秀な外注さんの定義は、こちらが用意したルールとマニュアルをそのままコツコツやっていただける方です。

ですので、一般の会社員が求められる「優秀」とは定義が異なりますので注意しましょう。実際に外注さんと契約して仕事をお任せして、思うような成果が出ない時は、相手を責めるのではなくて、指示の内容を見直すようにしてください。マニュアルと指示を改善しても結果が出ない時や、こちらが伝えている内容通りに作業していただけない場合は、採用した人が適していない可能性が高いので人選の見直しを検討しましょう。

多くの場合は、外注さんに問題があるというよりは、依頼主がアドリブでやらせる部分が多いから失敗していることが多いです。外注さんが考える余白があればあるほどミスや想定外の結果が発生すると思ってください。アドリブでお任せした場合は、失敗してもあなたの責任です。ただし、作業として重要度が低いことや、他にヘルプや参考になるものがある場合は、丸投げでも構いません。例えば、私の実例だとYahoo!ショッピングの倉庫配送サービス「ヤマトフルフィルメント」に関して、商品を倉庫に納品する際の「納品手続き」などは外注さんに丸投げしました。理由としては、ヤフーとヤマトからマニュアルが用意されており、ヘルプも用意されていたので「わからないことがあればマニュアルを見て、それでもわからなければヘルプに連絡して進めてください」と伝えてお願いしました。特にそれで困ったことやトラブルは起こっていません。

外注マネジメント【リーダーシップ】

外注さんとのやり取りにトラブルが生じている人から相談を受けるとほとんどの場合、ある特徴がありました。それは「嫌われることを恐れて優しくし過ぎている」ということです。もちろん人として優しいことは良いことですが、嫌われることを恐れて相手に伝えるべきことが伝わっていないことは多いです。

例えば「できれば○○しておいてください」とか「○○しておいていただけると助かります」みたいな言い方をしている人は要注意です。

これは指示する側のあなたが決断ができない弱々しい人という印象を与え、相手もやるべきなのかハッキリしないので動きが弱くなります。ですので、何か指示する時は「○○を○○日までにしてください」「○○をして必ず報告お願いします」のようにハッキリと指示を出すことをお勧めします。物販に必要な組織はトップダウン型ですので、外注さんとの仲良しグループではないので、上下関係はハッキリ示した方が良いです。リーダーとしての正義はいい人と思われることではなくて、仕事を与え続けることだと私は思っています。ですので「仕事できないけどいい人」を認めないことも大事です。

受講生に相談を受けた際に、外注さんとのトラブルをヒアリングをすると、明らかにミスマッチな人材を採用していて、甘えた態度で仕事している外注さんだと判断するケースがあります。その際は、「その人に辞めていただいて新しい人を募集してください」と伝えることがあるのですが、「仕事はミスが多くて満足できないのですが、人としては凄くいい人なんで辞めさせたくないんですよ」と反論されることがあります。

先ほどお伝えしたように外注さんとは仲良しグループではなく仕事の関係ですので、あなたは外注さんのボスとしての役割を真っ当してください。コミュニケーションとして会話をするのは良いのですが、仲良くなりすぎてしまうデメリットとして、馴れ馴れしくなってしまい友人関係のようになってしまうことがあります。そうなると仕事に甘えが出てしまう方もいますし、ワガママや反論などにも繋がることが多々あります。ひどい場合はなめられてしまいます。優しすぎる人の場合、何でもかんでも褒めてちょっとでも反論があればそれを許してしまってそのような関係性になることが要因であることが多いです。あくまで仕事の関係なので、結果を出してない努力はあまり褒めないようにしてください。部活や子供の運動会じゃないので、結果を評価するようにしてください。そして決断はリーダーの仕事なので、決断はあなたが下してハッキリと指示を出すように心がけてください。注意点としては横柄な態度になれという意味ではないので、そこは勘違いしないようにしてください。偉そうにしたり見下したりは絶対にしないでください。上下関係はあくまで仕事の関係性として指示を出したり決断したりという部分であり、人としては相手を尊重して敬ってください。あなたのショップで働いて下さる大切な方ですので、その意識は常に持っておいてください。

外注マネジメント【コミュニケーション】

外注さんとの通常のやり取りやコミュニケーションに関してお話しします。通常のやり取りはチャットワークがお勧めです。LINE でやり取りされる方もいますが、距離感が近いのと夜間などに連絡しにくいのでチャットワークが適度な距離感とやり取りがスムーズで、内容だけ読んで未読に戻せる機能などもあるのでやり取りする人数が増えてきた時にも便利です。働き始めはいろんなことをお伝えしたり指示したりするので毎日やり取りすることが多いと思いますが、業務に慣れてきたら毎日やり取りする必要はありません。何かあれば連絡はしていただき、返答の必要があるものは返答して報告のような内容だった場合はチャットワークのリアクションボタンを押しておけばラリーを続けなくても大丈夫です。とはいえ、放置してしまうと人によってはだれてしまうこともあるので、朝の挨拶だけはするとか、作業終わりの報告だけしてもらうとかで対応してください。

普段やり取りを減らしていたとしても、外注さんの人数が増えてきたらやはり管理や対応は大変です。そこで、外注さんが増えてきた場合は、普段外注さん全般とやりとりをしたり指示を出したり報告を受けたりするリーダー的な外注さんを１人選出するのがお勧めです。リーダーの外注さんとそれぞれの外注さんとあなたで３人のグループチャットに設定して、通常の指示はリーダー外注さんに行っていただきましょう。リーダー格の外注さんにはその分、時給や単価で賃金をお支払いして、あなたは空いた時間でやるべき仕事に集中しましょう。セブインイレブンの社長が全国の店員さんと会話をしているわけではないですよね。大事なことを決める意思決定や重要指示はあなたからすれば毎日のコミュニケーションはなくても問題ありません。

また、先ほども少しお伝えしましたが、外注さんに心から感謝の気持ちを常に持っておく。というのは非常に大切ですし、私もいつも忘れないようにしています。この気持ちがあるかないかでふとした時の対応や言葉が変わってきます。また、外注さんをモノとかツールのように扱うのは絶対に辞めてください。オンラインであろうと単純作業をお任せしている人であろうと大事な仕事をやっていただいている大切な外注さんですので、偉そうな態度等は取らないでください。ネットでのやり取りだから、従業員じゃないから、という理由で横柄な態度を取る人が結構いますが、そんな人のところで長期間働きたいと思う人はいませんので、いずれ人がいなくなります。

月収 100 万円の人でも外注化しない最重要な仕事

重要な業務として前述の「リサーチ」「ページ作成」「SEO」「広告」「仕組み化」を挙げてきましたが、これらは基本的に自分で行うべき業務です。

リサーチやページ作成などの業務も最終的は分担制にして、スタッフや外注さんに依頼するということも可能です。しかし、こういった作業は自社の商品やサービスに適したものを選び出す能力が求められます。リサーチ１つとっても、あなたにとっての最適な市場規模や、資金や、スキルなどをわかっていないとできません、そのため、これらの業務は最終的に業務を他人に依頼するとしても、一部の作業を分担して依頼するか、育成した人員が担当するのが向いています。そして、リサーチの場合は、どれだけ規模が大きくなっても発売する商品の選定はあなた自身が行うのがお勧めです。その時の資金や運営方針によって取り扱う商品の選定は変わるはずなので、そこの判断はご自身で行うのがベストです。

SEO や広告については、あなた自身が行うべきです。SEO や広告は集客活動のメイン業務です。ビジネスにおいて集客は最も重要な業務ですので、その部分を他人に任せることはリスクが大きいです。大きく収益に関わる部分でもありますので、あなたがスキルとして必ず持っておいた方が良い部分です。集客の核となる部分を他者に任せると、その人がいないと大幅に収益が影響を受ける可能性があります。また、その人が独立すると、そのノウハウを用いてライバルになるリスクがあります。

したがって、リサーチの最終選考やSEOや広告は自分で行うことを推奨します。受講生でも月収100万円以上になっても、多くの方がリサーチやSEOや広告の作業を自分で行っています。

月商500万円、1日1時間労働になった加山さん

加山さんと出会った頃、彼は非常に厳しい状況でした。実際に加山さんが当時送ってくれたメッセージがこちらです。

宜しくお願い致します！
相談させて頂く前に現状を把握して頂きたいので現在の状況や経緯を記載します。

【自身について】
氏名：
性別：男
年齢：31歳
持続化給付金の需給を期に今まで行っていた個人事業を辞めAmazon物販を始めようと考えいきなりOEM,ODMに手を出してしまう。とても大きな経験になりましたが今となっては後悔しています。
ちゃんとした環境で学びつつ実践するべきだったと思っています。

物販に使える時間
7時間の睡眠が確保できれば残りの17時間は食事、トイレ、風呂の時間以外は仕事に使えます。
遊びには2〜3カ月に1回行くか行かないか程度です。
大きな病気やケガが無い限り休みとかも特にいらないです。

資金について
もうほとんど余裕がありません。使えて30万〜50万円程度です。(融資になります)

加山さんはAmazon販売に失敗して、資金も少ない状況から1年で月商500万円を達成されました。

1月1日

お世話になっております。
あけましておめでとうございます。
今年も宜しくお願い致します。

12月のYahoo売上500万円突破できました！！

Yahooショッピング	5,177,866円
auPAY+amazon	220,815円
12月合計売上	5,398,681円

凄く嬉しいです。
取り組みました。
奥田さんの規模からするとまだまだ小さな金額だと思いますが、加入当時の残り約30万の現金を元手に1年でここまで伸ばせるとは思いませんでした。

本当にありがとうございました。

適切に外注化のステップも進行されて、1日30分～1時間労働になられました。

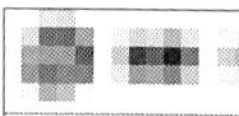

発送の自動化がほぼ完了しました。
本日で自己発送0が2日目になるのですが、不安になるくらい自由が多いというか時間が沢山できました。

1カ月単位で見ると
・利益：ザックリ100万円
・作業時間(販売の維持・継続)：15時間で割ると1日あたり約30分
・時給：約66,666円
入塾当時では考えられないくらい効率化する事が出来ました。

中国輸入ビジネスは外注化と仕組み化を組み合わせることで、理想のビジネスモデルとなります。世間一般では中国輸入物販はずっと忙しい労働集約型のビジネスと見られることが多いですが、実際に自由を手に入れて高い売上を維持されている方がたくさんいらっしゃいます。

あなたも、収益を上げた後は人生を輝かせるためにも自由を手に入れてください。もちろん、仕事をもっと頑張るでもいいですし、家族旅行に出かけるでもいいです。まずは自由を確保してから選択肢が自分自身にあるということが大切です。ビジネスはあなたの人生を幸せにするためのものであって欲しいと思います。

第11章

1日1時間で
月100万円稼ぐまでの
ロードマップ

Yahoo! ショッピングで月商 11 万円達成しよう

はじめたばかりの時は、本当に月商100万円、300万円、500万円と拡大していけるのかな？と不安に思われると思います。私もアパレルの実店舗の運営に携わっていたときはお客様0からのスタートでしたし、中国輸入ビジネスでYahoo! ショッピングに出店した時も当然ながら0からのスタートとなりました。年商1億円どころか、年商3000万円も届かない夢の世界だと思っていました。

最終的な目標は高く持っていただいて構いませんが、まずは目の前の目標として手の届く目標を設定するのがお勧めです。Yahoo! ショッピング販売においては、最初の目標として月商11万円突破を掲げてください。なぜかというと、月商11万円を超えるとPRオプション広告が使えるようになるからです。中国輸入商品は低単価商品が多いので、アイテムマッチよりもPRオプションの広告の方が使う機会が多いと思います。ですので、まずはPRオプションを使える状態にしておく必要があります。月商11万円をまずは達成しましょう。

では、月商11万円を超えるためには、Yahoo! ショッピングのストア開店後に何が必要なのかを説明していきますね。まずは当然ですが、商品を発売しましょう。

2019年からコンサル指導をさせていただいて、副業であれ本業であれ最初に10商品前後を発売して取り組んでいただくのがベストだと感じております。10商品を発売していただくと、経験値がかなり上がりますし、全体像を把握できます。そして、本書で学んでいただき10商品に真剣に取り組めば、初心者であってもスキルがまだ低かったとしても、何商品か売ることができるはずです。もちろん、最初から1位を獲得できなくても良いですが、ポツポツは売れるという状態を体験できるはずです。ビジネスは最初の1円を売ることが大切です。売れれば序盤で紹介した公式に当てはめて数値を拡大していけるからです。本業等が忙しくて作業時間が確保できない方は5商品を目安にしていただいても構いませんが、最初のいくつかの商品は早めに発売まで進めるのがポイントです。なぜかというとモチベーションが下がらないようにという部分や、初期段階ではいくら考えても正解ばかりを出せることはありませんので、経験を優先して欲しいからです。もちろんリスクは抑えて欲しいので最初から大量発注などは避けてください。

10商品を丁寧に発売すれば、初心者の方であっても月商11万円を超える確率は高いです。もし、10商品で月商11万円を達成できないということは1商品あたり平均月商が1.1万円以下ということなので（アクセス×購買率×顧客単価）の数字が低すぎることが原因です。この場合は各数値を上げることに注力すればこれぐらいの売上はすぐに達成可能です。

Yahoo!ショッピングで月商100万円達成しよう

数多くの方に指導させていただいた経験からお伝えすると、月商100万円というのは誰でも達成可能な売上だと思っています。中国輸入の経験もなくビジネス経験も一切なくて、Yahoo!ショッピングに出店申請を出したばかりという妊婦さんが受講生でいらっしゃいましたが、彼女も1年ぐらいで月商100万円を達成されていました。経験がない方でも1年ぐらいの目標に設定しやすい基準値が月商100万円かなと思います。もちろん利益が出ないと意味がないので、最低でも営業利益率で15％前後、できれば20％以上の利益を出すことが理想です。

すでに中国輸入やYahoo!ショッピングの経験があったり、せどりやアフィリエイトの経験がある方などはもっと早い段階で月商100万円は達成される方がほとんどです。月商100万円を達成するための商品数の目安ですが、人によって差はありますが、目安としては20～30商品で達成される方が多いです。毎月10商品の新作を発売される場合は、早い方で3ヵ月で30商品ぐらいを発売して月商100万円を達成される方も今まで何人もいらっしゃいました。

ですので、いかに20～30商品を丁寧に早く発売していけるかが達成スピードを早めるコツとなります。もちろん、この後はスキルの向上と伴い、1商品あたりの平均売上も上げていけますので、月商500万円を達成するためにこの5倍の商品数が必要になることは少ないです。

経験者の場合は市場規模の大きいところを狙って新作の発売数も減らしても構いませんが、基本的には市場規模が大きすぎない商品をコンスタントに一定数発売していく方が、売上アップの成功確率はグンと上がりますのでお勧めです。月商10万円を達成させる時と、やること自体は大きく変わらないので基本であるリサーチとページ作成とSEOをよりレベルを上げていきながら、スピーディに進めていくことがこのステージでは大事な部分となります。

では、具体的に月商0円から月商100万円まで効率良く、成功確率を上げて進めていく方法を解説していきます。

まずは、月商11万円のところでご説明した通り、最初に10商品前後を発売していきましょう。そこに集中しましょう。次に、発売した

10商品の中からSEOを上位表示させられそうな商品、比較的スタートダッシュを切ることが容易だった商品を「期待のエース商品」と決めます。「期待のエース商品」を決めたら、そこに時間と資金のリソースを使います。具体的にはアクセスの強化とページの強化です。SEOを上げて利益回収まで持っていく作業に時間と資金を優先的に使います。

初期段階においては、ページを整えて、アクセスを増やすことに徹底してください。ページ作成に関しては6章でご説明しましたので繰り返し見ていただいて丁寧に販売ページを作り込んでください。アクセスに関して新作発売時に増えなくて困った時は以下の項目ができているかどうか実践してください。

月商100万円までにやるべきアクセスアップの施策

- 売り出した時の「安い順」のSEO上位を徹底する
- 売れ始めたら「おすすめ順」のSEO上位を徹底する
- トップ画像を改善してよりクリックされる画像にする
- プロモーションパッケージに参加
- 優良配送にする
- 優良ストアにする
- 「PRオプション」広告をかける
- 「アイテムマッチ」広告をかける

上記を意識して実践していきましょう。そして、発売した商品の育成をしながら、次の新作を発売する作業を継続していきます。2回目の新作を発売する時には1回目の経験があるので各作業の精度が上がり、1回目より高確率でヒット商品が出せるはずです。意識として大事なのは、**経験や実力がない段階であればあるほど行動量でカバーする意識を持つ**ことです。経験や実績がない時から質ばかりを重視すると失敗する確率が高いです。質というのは一定の行動量で得た経験により担保されるものなので最初は質より行動量を意識しましょう。

本書でお伝えしてきた、リサーチ、ページ作成、SEOの方法を駆使して、アクセスと購買率を上げる方法を徹底しながら、きっちり新商品を増やしていけば､月商100万円以上も達成していけるはずです。振り返りになりますが、商品を発売するときに絶対に意識しておいていただきたいのは、商品選定です。挑む商品の市場規模の基準は「ライバルに勝てるかどうか」です。勝てるかどうかが判断できない場合は、市場規模を調べて、売れているライバルを見て分析して、上位ライバルの弱点を書き出して、確実に勝てる部分を言語化できるかを確認してください。

そして、実際に発売して挑戦してシェア1位を獲る。おすすめ順の上位を安定的に維持する。それができたのであれば、次はもう少し市場規模の高い商品に挑む、という感じで徐々に市場規模が高い商品にチャレンジしていくと失敗する確率をかなり減らした状態で安定的に売上アップをしていくことができます。

ライバルに勝てる＝おすすめ順1位や2位になり販売価格を上げて利益が出ている状態をキープできるかどうかと思ってください。そのためにも発注前にライバルは最低で10ページ調ることや、ターゲットを把握することも忘れずに行ってください。そして、安い順で上位に出すこと、売れてきておすすめ順の最上位に来たら値上げする。その際。サブ画像を充実させてライバルに負けない要素を増やす。他にもやれることは全部やりましょう。保証をつける、トップ画を改善していく、1位マーク付ける、など、やろうと思えばできることは面倒だからと後回しにせずに売れている商品や、売れてきた商品は特にすぐ対応しましょう。

Yahoo!ショッピングで仕組み化を構築する方法

物販でも他のビジネスでも努力は必要ですが、努力すればいいというわけではなくて、どの部分で努力するか？　どこを意識して努力するか？　で同じ努力量であっても売上も利益も達成速度も何倍も変わってきます。現在、頭打ちになっている方や毎日忙しいのに対して儲からない！　と悩まれている方も是非参考にしていただければと思います。

まずは、月商100万円までの段階でいくつかの商品を発売して売上を上げて行くわけですが、正直なところ売るだけなら誰でもできます。売れている商品を仕入れて安く発売していれば売れていくわけなので。しかし当然ながらそれでは利益が出ないので意味がありません。売上を上げながら、利益がとれる状態に持っていけるかの勝負がビジネスです。出店直後は利益を追うというよりは売上と経験を重視する方が良いですが、少しヒット商品が出てきたら、売上ばかりを追わずに利益をとるところまで完成させることが大事です。例えば、20商品程度を発売すると成功した商品と失敗した商品のデータが取れてきます。

- どのようにリサーチしたときに成功しているか？
- どのようなページを作った時に成功しているか？
- どのように売り出したときに軌道に乗っているか？

“なんとなく売れた”を繰り返すのではなく、**“こうやったら売れる”を確立していく**ことが物凄く大事な部分です。“なんとなく売れた”で拡大していくと今後の売上が直感に左右されて頭打ちになることがほとんどです。ですので“こうやったら売れる”というパターンを確立することに力を注いでいくことで、精度を高めテンプレート化していくことができるのです。テンプレートができていくと、各作業をスタッフや外注さんに振りながら進めていくことができるようになります。最終的には、多くの作業は自分が取り組まなくても進めていくことが可能になります。それが、仕組み化です。

スキルが身につけば、自分が行動すればするほど売ること自体は簡単になっていきます。しかし、自分の時間と能力をフルに使えば使うほど、再現性は下がることになります。それでは、いつまでたっても労働集約型からは抜け出せず、売上アップと比例して忙しくなり、どこかで限界が来ます。あえて、自分がフル稼働せずに人に任せても売上を上げていける状態を作ることで、自分の稼働時間を増やさずとも拡大を狙っていける状態になるわけです。自分だけで作業していくと時間や体力によって売上が頭打ちになってしまいますが、仕組み化していくと資金を投入すればするほど売上拡大していける状態を作れます。

各作業のマニュアルを完成させていき、作業をしていただける外注さんを投入し、エラーを改善していくと、多くの作業は自分が稼働しなくてもよくなっていきます。その状態できちんと利益が取れている黒字化できているのであれば、資金を投入すればさらに伸びていきます。「売れるベルトコンベアー」が完成していくので、人材と資金を投入すればするほど儲かります。

仕組み化できている状態だと自分の時間には余裕があるので、月間の利益額が高い商品に自分のリソースを注いで効率良く利益を伸ばしたり、月50万円以上の需要の高い商品を狙うのもお勧めです。市場規模が大きい商品は綿密な分析や経験に基づく判断が必要なため外注さんやスタッフだと難しい作業が多いです。ですので、市場規模が大きい商品は自分のリソースを多く使うことにより強い強豪にも勝っていくことが可能となります。高確率で利益を出していける市場規模の小さめの商品と、当たれば大きい需要が高い商品を併用して展開していくことでリスクを抑えながら大きく売上を伸ばしていくことも可能です。

市場規模の小さい商品を仕組み化で展開して、市場規模の大きい商品を自分のリソースを使い勝ちにいく。この戦略で展開していけば、早い人であれば出店から約1年で月商500万円を達成することは可能です。そして、その数ヵ月後には月商1000万円以上も達成することが可能です。

長期的な戦略で実践される場合のおすすめの計画としては、最初の6ヵ月は仕組みを作ることをメインとして取り組み、成功の土台を構築していくことです。この段階では利益率も低く、売上の伸びも弱いので歯痒いと思いますが、ここでしっかりした土台を作っておくことで、その後の6ヵ月で一気に拡大することが可能となります。最初に我慢して土台を構築する方が長期的に見ると儲かりますし、一気に拡大することができます。

実際にこの流れで素直に取り組んでいただいた受講生は、次々に結果が出ています。ポイントとなる部分は、序盤に大量行動できるかどうか。いかに作業を人に振っていけるかどうか。時間と資金のリソースをより利益を生み出す商品や作業に注げるかどうか。拡大するチャンスがきた時にリソースを投入できるかどうかです。

たった1年で「月収100万円」と「仕組み化」を達成した方法

コラムにも登場していただいた受講生の加山さんは、月商10万円の元Amazonセラーでしたが、たった1年で「Yahoo!ショッピングのみで月収100万円×仕組み化を達成することができました。もちろん彼の努力の賜物ではありますが、彼に何を伝えてどう運営してもらったのかをあなたにもお伝えします。

物販でも他のビジネスでも努力は必要ですが、努力すればいいものでもなく、どの部分で努力するか？　どこを意識して努力するか？で同じ努力量でも売上も利益も何倍も変わります。そこで、加山さんに実際に指導してきた内容をもとに、どのような流れで商品を売っていき、どのように仕組み化して拡大していくのが効率良く成果が出せるのか？　フェーズ1からフェーズ3の段階に分けて解説します。

（フェーズ1）成功した商品の共通点を見つける

まずは、月商10万円以上で利益の取れる商品の販売を成功させましょう。重要な部分は**売った後に「もう一度再現できるかどうか」**です。一か八かで30万円売れたならそこに価値はあまりなくて、確実に狙って10万円売ることが大切です。それが外注化、仕組み化に繋がっていきます。この段階では、**1発100万円当てるよりも、発売した商品を黒字化できる確率を上げていける人が稼げるようになっていきま**

す。利益をとるところまでの再現性を高めていき、外注さんに多くの作業を振っても再現できるところに持っていきます。

このフェーズのポイントとしては、全体像を把握するためにまずは真剣に 10 商品前後を発売すること。そして、発売した 10 商品の中で調子の良い上位 1 ～ 2 商品を「エース商品」に決めます。そのエース商品のアクセス、ページ、SEO の部分に対して徹底的にリソースを注いでください。全体にリソースを注ぐよりも、調子が良い商品にリソースの配分を増やす方が効率良く売上も利益も伸ばせます。最初の 10 商品の販売に関しては全体を把握するためのテストマーケティングと捉えてください。そして、次の 10 商品を発売するときは本気で勝負をかけて 3 ～ 5 割の商品を黒字化させることを目標としましょう。

ここまで展開したら、利益が出ている商品、成功した商品が複数あるはずなので、成功した商品の共通点を全て書き出すようにします。例えば、成功した商品のリサーチ方法はどのような方法だったか？　共通点はあったか？　成功した商品の画像構成の同じパターンはどこか？　誰に依頼してどのような構成で作ったか？　成功した商品の SEO の上げ方はどのように行ったか？など共通点を探して細かくメモを残してください。ここまでがフェーズ 1 でやるべきことです。まずは成功するパターンを分析して、成功する商品の共通点を見つけ出していきましょう。

（フェーズ 2）売れる商品のテンプレ化

先ほどのフェーズ 1 で成功した商品の共通点を出し、“なんとなく売れた”を繰り返すのではなく、**“こうやったら売れる”を確立していきます。**

共通点を多く抽出して“こうやったら売れる”が他人に説明できる状態までになったら、精度を高めマニュアル化していきます。マニュアルを作って、外注さんに作業を振っていきます。マニュアル自体は画面録画しながら解説したり、テキストで作ります。いざ、マニュアルを作って外注さんに作業してもらっても、1回目にはうまくいきません。自分が行ったものと違う状態となります。最初はそういうものですので、マニュアルは改善して完成していくものだと認識しておいてください。マニュアルを使い作業していただいて、出てきたエラーを改善していく。そして作業していただいて、また出てきたエラーを改善する。それを繰り返していくと徐々に外注さんも同じぐらいの作業の結果を出してくれるようになります。もちろん、あなたよりも作業のクオリティは低いことが多いかもしれませんが、再現度を高めていれば問題ありません。なるべく自分の介入を減らしながら成功した商品と同じ状態を作り出していきましょう。

こうやってマニュアルを作り任せていくと、半分以上の作業を振っても10商品中5商品ぐらいは利益が出る商品を発売できるようになります。そこまでいけば、月収100万円×仕組み化は近づいてきています。いかにマニュアルを精査できるかがポイントとなりますので、繰り返しエラーを改善していきましょう。

（フェーズ3）人と資金を投入して拡大させる

フェーズ2で「マニュアル」を作り精度を上げておくと、「人」と「資金」を注げば注ぐほど売れる段階へと突入していきます。マニュアルへの作業量を増やすために「外注さん」を増員します。**ポイントは有能すぎる「外注さん」を雇わない**ことです。「有能」＝代わりがきかない人材となるため、優秀な人は最初はいいのですが、2人目3人目を増やそうとする時に同じ作業クオリティの人が集まらず、再現性が崩れてしまいます。つまり拡大できないのです。もちろん、クオリティの低い人より高い人の方がありがたいのですが、代わりの人が見つかる程度の優秀な人材がベストであり、貴重な人材じゃなくても再現できることが、その後、仕組み化していけるかどうかのカギとなります。

「精度を高めたマニュアル」と「マニュアルを丁寧に作業する人」を用意して、そこに「資金」を投入する。そうすることにより、資金が最大限に活かせます。順調に売上が伸びるほど、仕入れ資金も拡大していくので、キャッシュ不足になりがちです。この場面では、融資を受けるのが得策です。融資は悪いイメージを持っている人もいらっしゃるのですが、物販ビジネスにおいては売上と利益を拡大するためのツールです。この段階まで来ていたら作業量と資金を増やせば利益が増えることは間違いないはずなので、ためらわず資金集めを行いましょう。

売上規模が拡大して倒産の危機を迎えてしまう会社もあるので、そのイメージで融資に対して不安を感じる人もいますが、それは固定費を大きくかけて展開していたり、黒字化できていないのに資金を投入してしまい失敗しているだけであり、上記のやり方で資金投入すればリスクはほとんどないはずです。

この方法で拡大すれば自分の時間にも余裕ができるので、空いた時間は「エース商品の改善」と「レッドオーシャン商品」に使うのがお勧めです。

「エース商品の改善」

すでに発売している商品の上位1～2割の「エース商品」に対して

販売ページとSEOを徹底強化する。そうすることで、効率的に成果を最大化することができます。商品数が増えれば増えるほど作業量は増えますので、リソースをどこに注ぐかを徹底しましょう。

「レッドオーシャン商品」

例えば月商100万円以上の商品はライバルがかなり強くなるため、綿密な分析が必要です。こういった商品では、仕組みだけで勝ち抜くのは難しいです。ですので、レッドオーシャンのような売上規模が高く競合が強い商品は、自分の時間を使い勝ち抜いていきます。

仕組み化を進めつつ、エース商品を拡大して、大きな市場規模の商品でも成功させていく。これで精度次第ではヤフーショッピングのみで１年から２年で月商500万円〜月商1000万円は狙えます。従業員とオフィスなしPC１台で達成することが可能です。目安としては営業利益率で20％以上で売上拡大するのがお勧めです。

天才ならもっと他の方法があるかもしれないです。しかし、凡人の僕がやってきてうまくいったことであり、それを伝えて指導した受講生も同じように再現できた方法です。つまり、再現性が高い方法です。ただし、やりきる覚悟と継続力が必要なので、覚悟を決めて取り組み、コツコツと積み上げていきましょう。

最後に、上記の「月収100万円」を稼ぎ「仕組み化」する方法を３つの重要ポイントで要約します。

① マニュアル化

マニュアル化するために必要なのは多くの仮説、つまり最初の大量行動。数を出さないと質は上がらないし再現するデータがない。最初から行動量が少ないとデータが蓄積されないので、成功の土台を作るためにも、最初はなるべく行動量を増やしましょう。

② マニュアルの再現精度を高める

外注さんにマニュアル通りに作業していただき、エラーを確認して改善する。いかに一般的な外注さんでも再現できるかが鍵。才能ある外注さんを雇うのは逆にデメリットもあると覚えておきましょう。人に頼るのではなくて、一般的な人でも実現可能なマニュアル作りに力を注ぎましょう。

③ 人と資金を投入する

マニュアルのエラーがなくなって、各作業の多くの人に任せることができるようになったら、人と資金を増やす段階です。固定費を増やすと倒産リスクが高まるので、あくまで変動費に投入するようにしましょう。そのため、事務所や従業員にお金をかけるのではなくて、仕入れの資金や販売ページにお金をかけて、外注さんに作業していただくのがお勧めです。ここで人に頼らず自分だけで全部頑張ると時間的リソースの限界がくるのでショップの成長が止まります。自分に頼りすぎると労働集約型で自分以外でもできることにも時間を使ってしまうので結果的に低時給労働になり儲かりにくくなります。

「時給」を上げないと一生月収100万円になれない

「月収100万円になりたい！」と目標を掲げる人は多いです。物価が上がり､収入が増えない日本だと余計に気持ちは高まると思います。日本では様々な物が値上がりしまくっていて、数年前の1.5倍ぐらいの価格になっている物などもあります。

それに対して給料の水準は上がっていません。この30年くらいずっと同じ平均年収、むしろ30年前より下がっています。平均年収400万円台とよく発表されていますが、実際には税引き前の額なので、手取りベースだと平均月収27～8万円だそうです。

月商200万円の物販セラーであれば、最終利益20%で40万円、税金引いても上記よりは残る人が多いです。ビジネスで収入を増やすには「時給」を上げるしかありません。当然ですが、ビジネスでは給料を人が決るわけではなく、収益から計算して決めることになります。

利益を増やせなければ給料を増やすことはできません。ビジネスに取り組む時間に関しては、本職か副業かでも変わりますし、1日どれだけ働くかの考え方によっても変わります。しかし、それぞれ働ける時間は限られています。つまり、限られた時間で利益を最大化しなければならないわけです。

もし、あなたが月収100万円以上を望むのであれば自分の「今の時給」と、「望む時給」ぐらいは把握しておいたほうが良いです。

例えば、9時スタート、昼休憩1時間、18時まで働く場合、8時間労働です。土日休みとして、1日8時間×月22日労働で月収100万円を望むのであれば、時給は約6000円必要です。これが望む時給です。

現在の時給も知っておく必要があります。もし、あなたが、さっきと同じ条件で働いていて月収30万円だとしたら、あなたの現在の時給は約1800円ということになります。これがわかったら、まずやることは、時給1800円の価値がない作業を外注さんやスタッフに任せることです。

そして望む時給である 6000 円以上の価値がある作業を増やします。時給 1000 円のアルバイトの人ができる作業は極力やらずに、自分がやることで利益が大きく変わる作業か、利益が積み上がる作業に時間を使います。目の前の雑務ばかりやっていないで、時給 6000 円になるためのスキルアップ、時給 6000 円を生み出す商品作り、時給 6000 円以上稼げる仕組みを構築します。そこに時間を使います。

いま現在、全然稼げておらず、時給換算すると 1000 円以下という場合は、外注さんに極力頼らず努力するしかないですが、そうであったとしても、月収 100 万円を目指すのであれば、時給 6000 円に近づくための行動をしない限りはずっと低賃金労働になります。「自分の時間のリソースをどこに注ぐか」がものすごく重要になります。

「お金の無駄遣い」を嫌がる人は多いですが、「時間の無駄遣い」は意外と気にしない人が多いです。

平均年収より３倍稼ぐ人は、３倍賢いのではなくて、どこに時間を使うかが優れているだけのことは多いです。「時給いくら稼いだら理想の生活になるか」を先に考えて、時給単価の低い作業を人に振り、レバレッジが効くコアな作業に集中していくことが重要です。

私は頭が良いほうではありませんが、時給が万単位を継続できているのは、こういった考え方と行動を徹底して、外注化を駆使して資金と時間のリソース配分がうまいからに尽きます。もちろん最初からラクできるビジネスはないので努力は必要ですが、がむしゃらに努力すれば良いわけでもないですし、努力は報われるべきです。

外注化をフルに行い、仕組み化することによって時給５万円以上を達成されている受講生もいます。実際には物販の場合、すべての利益を給料にすることはできないので、運用資金にも回して、税金を払う必要があります。それでも、一般の仕事と比べるとかなりの高時給です。ヤフーショッピング×中国輸入のみでこれを達成されています。ヤフーショッピング出店から1年数ヵ月で、この状態を達成しているので、ビジネスには夢があります。

時給を上げたあとは、さらに仕事を頑張るもよし、プライベートを満喫するもよし。どちらも良いと思いますが、どちらにしても、時給を上げて仕組み化できるビジネスをしなければ、一生労働集約型から抜け出せないので要注意ですね

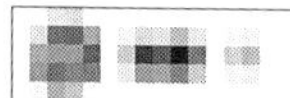

発送の自動化がほぼ完了しました。
本日で自己発送0が2日目になるのですが、不安になるくらい自由が多いというか時間が沢山できました。

1カ月単位で見ると
・利益：ザックリ100万円
・作業時間(販売の維持・継続)：15時間で割ると1日あたり約30分
・時給：約66,666円
入塾当時では考えられないくらい効率化する事が出来ました。

※受講生のKさんからいただいたメッセージ

月収100万円より大切なこと

物販に限らずビジネスを本気で取り組もうと思う人は、月収100万円を目標にされる方がとても多いです。会社員では月収100万円を超える方は少ないですし、仮に高給となっても、ずっと忙しい状態が続くことが多いです。ビジネスで月収100万円、200万円、300万円とステップアップしていく。そういった明確な目標を持つことはモチベーションにも繋がりますし、素晴らしいことです。

ただ、あえて私は、言いたいことがあります。「月収や売上を1番

の目的にしてほしくない」ということです。なぜかというと、月収が上がって何がしたいのか？　そこが抜けていると人生が豊かにならないからです。稼ぐことはもちろんのこと、人生を豊かにしていただきたいと思っています。

私は20代に無職と月収100万円を両方体験しています。20代前半は無職で、実家に引きこもって、起きてから寝るまでゲームばっかりやっていました。当時、無職なだけじゃなくて対人恐怖症で人と会うのが怖くてアルバイトの面接どころか電話するのも恐怖だったので、自宅でお金を稼ぐ方法はないか？と探していたところ、ヤフオクなどを見つけました。

能力も経験もありませんでしたが、オークションバブルに乗って、運で儲かりました。1日1時間ぐらいしか働いてなかったと思います。夕方に起きて、郵便局で発送して、コピペで再出品して終わりです。国内で2000円で仕入れたものを、12,800円とかで売って、毎日3～5個売れてました。ツールも使ってないし、スクールとかも当時なかったので入っておらず、経費は、袋代やガムテープと、ヤフオクとモバオクの手数料ぐらいという状況でした。

ほんとに実力というより、運だけで稼げてしまいました。実力がないのに稼げてしまうといろんな弊害が出ます。当時は思考も最悪で、売れれば何をしてもいいと思っていました。当時の私は「ラクして儲けること」に飢えていました。

そんな私が、運で稼げてしまった後、どうなったのか？　ドラマや漫画の転落ストーリーのように、みるみる転落しました。まずは、販売していた販路のアカウント停止。そして、友人に強く誘われ、アパレル店舗を全財産を突っ込んでスタートするも赤字。貯金を失った上に、私物を売ってお金を作らないといけない。1年間休みなしで働きました。それで月収0円でした。

２年目にようやく黒字化した頃、店に来た営業から、おいしそうな投資話しがきました。当時の私の大好物「ラクして儲かる」話しです。ようやく会社に溜まった、200万円を投資会社の口座に突っ込みました。みるみるうちに、減っていきました。営業に「ここでやめたらもったいないですよ！次こそきますよ！いきましょう！」と葉っぱをかけられ、次こそは、次こそは…と、もう後には引けない…１ヵ月で、200万円全額失いました。また、給料０円に逆戻りです。

なんで、こんなことが起きたのか？　それは、実力がついておらず、「稼げる人」にはなっていなかったからです。ただただ、一時期に稼ぐことなんて、簡単です。中国輸入ビジネスでいえば、真っ当なセラーが扱わないようなグレー商品。例えば、アップルのコピー品とか（ヤフショにはまだまだこういうのがたくさんあります）を扱いまくる。仕入れは1688の１番安いとこを使い、検品はかけない。レビューが悪くなったら、また、再出品。これを複数の外注さんを雇ってやりまくる。出品しまくる。こんなことを大量にやれば、月収100万円ぐらいは稼げます。

でも、その稼ぎ方で稼げたとして、意味ありますか？　あなたの人生は変わるでしょうか？　５年後に稼げているでしょうか？

自己中心的な稼ぎ方をすると、必ず、大ダメージを受けるタイミングが訪れます。具体的に言うと、アカウント停止、クレーマーが続出する、急な規約変更で売上が10分の１になる、騙される、逮捕される…そして、実力が身についていないので、また、イチから「儲かることないかな～」と探す日々のスタートです。それの繰り返し。これって幸せでしょうか？　幸せの真逆に位置する状態だと思います。

では、どうすれば自分も周りも幸せな状態で、安定して稼げる人になれるか？それには大きく３つの方法があります。

１つ目は、

「稼ぐことと同時にスキルを成長させること」

２つ目は、

「お客さんファーストであること」

３つ目は、

「人生を幸せにすることを重視してビジネスを行う」

この３つがあれば、確実に迷わずに目標の達成に進んでいけます。グレービジネスに手を染めることに比べて瞬発力はないかもしれませんが、着実に目標に近づく方法です。そして、人を喜ばせることを実践すると勝手にリピーターや応援してくれる人が増えていきます。最終的には、そのほうが安定したビジネスを運営できるようになり、心の平安も手に入れることができます。

近江商人の経営哲学のひとつとして「三方よし」という言葉があります。商売において売り手と買い手、そして社会に貢献できてこそよい商売という考え方です。自分以外も幸せになるビジネスモデルで、家族や周りの人達も幸せに導いて欲しいです。

Yahoo ！ショッピングは今後どうなるのか？

私が出店した 2018 年の後半から見ても、Yahoo! ショッピングはかなり変化してきました。ヤマトとの提携で倉庫配送システムが確立されたり、優良配送や優良ストアによるお客様にとっての優良なショップが優遇される制度、ヤフー、LINE、Z ホールディングスの合併など、目まぐるしい変化でした。私たち販売者としては、こういった変化が起こった時にパニックになったりせずに、柔軟に対応することが大事です。どんな物販ビジネスであっても、どんな販路であっても、常に変わっていくものなので、その時に最適な方法を選択して対応していくことで、変化に振り落とされることなく生き残り進化していけるようになりましょう。

今後も間違いなくYahoo!ショッピングは変化していきます。私はこれまで長い期間、物販の歴史を見てきました。ヤフオクで初めて出品したのは2001年頃だったと思います。そこから、モバオク、自社ショップ、メルカリ、Amazon、ヤフーショッピング、楽天、Qoo10、auPAY、など色んな販路に出品してきて、物販の歴史を20年ぐらい見てきたので、各モールの歴史を紐解けばこれからのYahoo!ショッピングの未来も見えてきます。

結論から言うと、Yahoo!ショッピングは今後、毎年、競合のレベルが上がります。これは間違いないと思います。コンサルの仕事もしている私の立場だと「ヤフーショッピングは5年後も10年後もバブルだよ！」「誰でも儲かるよ！」と言っておいた方が都合が良いのかもしれません。しかし、全て本音でお話しします。

現状のYahoo!ショッピングのレベルはどうなのか？　というと、正直、Amazonや楽天や自社サイトで真剣に取り組んでいる物販運営者からすると、**Yahoo!ショッピングはまだまだ競合のレベルは弱く、ブルーオーシャンと思えるはずです。**Yahoo!ショッピングのほとんどの市場で競合のレベルは低いままなので、成熟期には入っていません。ちゃんと本書に書かれているようなノウハウを丁寧に実践すれば売れますし利益も取れます。

現状は、1688から中国輸入商品を横流しに近い形で販売していても、月商1000万円、経常利益25%以上出している受講生もいるので、普通のECモールではこんなことは無理だと思います。多くの受講生が、本業があったり、子供がいらっしゃる忙しい状態でスタートして、売上ゼロから1年や2年で実績を出しているので、現状のレベルは全然高くないと言えます。

しかし、今後、競合セラーのレベルが上がるのは間違いないです。ライバルは少しずつ強くなりますし、楽天、Amazonのセラーも少しずつ流れてきます。そうなった時に、勝ち残るのはアクセスや購買率をライバルよりも高められる人です。その方法は本書に書かせていただきました。あとはやるだけです。

市場の成長よりもあなたのスキルアップのスピードが早ければ稼ぎ続けることができます。そして今のうちにストアの評価を増やしたり、スキルを磨いて優位性を高めていけば、参入者が増えてもあなたは負けませんので、安定した地位を築いていけるはずです。1日でも早く出店して、スキルを磨いて、構築していくことをお勧めします。

もし、本書を読んでやる気になっていただいたのであれば、覚悟を決めて、まずは1年間しっかり取り組むことをお勧めします。正しい方法でちゃんと努力すれば結果は必ず出るはずです。1年で人生を変えられるチャンスは、中々ないことだと思います。ビジネスの魅力は努力したリターンを100にも200にもすることができる。自分次第で変えられる、ワクワクできることだと思います。初心者の人でも会社員の人でも目の前にはチャンスがあり、取り組み始めることができる。

ビジネスは労働の手段ではなく、あなたの人生を輝かせる手段だと思いますので、是非、やる気になられたのであれば真剣に取り組んでいただければ嬉しいです。

たった１年でいい「本気の努力をしよう」

「働く時間と場所と人間関係のストレスから完全に解放されたい」
「最低でも月収100万円以上で安定させたい」
「家族との時間を大切にしたい」

私がアパレルの仕事をしていた頃に、そんなことを言ったら、周りに失笑されました。でも、僕は当時から大真面目にそう考えていました。片道１時間半かけて電車通勤して、帰宅が早くても21時半という生活の時に。

副業を数多くやって失敗ばかりでしたが、最後に辿り着いたのが中国輸入でした。心から伝えたいことは、過去の失敗続きだった私ができたことなら、あなたにも実現可能だということです。

中国輸入で独立した時の私のスキルはどれぐらいかというと、何となく売れている商品を仕入れて、スマホのアプリで自作した適当なページで販売して、売れなくて利益が出なくて、でもなぜだかわからない。ガイドライン違反であるグレーな商品を販売して、頻繁に出品削除されて、時にはアカウントが止まって、大量の不良在庫を抱えている。そんな状態でした。

アパレルを辞めて、中国輸入で起業した時は、マイホームのローンが始まったばかりで、２人目の子供が生まれる直前だったので、本当に背水の陣でした。そこから、メルカリをやったり、ヤフオクをやったり、せどりしたり、紆余曲折ありました。

ヤフーショッピングに出店したのは3年近く経過してからです。そのタイミングで運営方針も変えようと思いました。グレー商品は全て排除して、お客様に喜んでいただける商品を販売する。そういう気持ちに切り替えて、今までの努力が結びついたかのように、順調に売上も利益も増えました。

月商300万円、500万円、1000万円、と上がっていく中で、夢のような目標を達成できて嬉しい気持ちも大きかったですが、忙しすぎて疲弊していきました。中国輸入で起業した時の目標からズレていると感じました。

「最低でも月収100万円以上で安定させたい」

この目標は達成することができたものの残りの2つが達成できていませんでした。

「働く時間と場所と人間関係のストレスから完全に解放されたい」
「家族との時間を大切にしたい」

そもそもの目的は、稼ぐこと以上に、幸せな生活を手に入れることだったので、改めて当初の目標を思い出し、軌道修正しました。

そして仕組み化を強化して、残り2つの目標も達成することができました。

最近では、Twitterや、YouTubeなどのSNS活動も行っており、執筆や別のビジネスの準備も進めていたりするので、忙しい日々を送っていますが、新しいことにチャレンジすること、自分がやりたいことを行うのは楽しいです。そして、忙しくても家族との時間は大切にしています。

もし、あなたが今、本来の自分の理想の生活とはかけ離れた生活をしているとしたら、本当はどんな生活が理想なのか？　何を達成したいのか？　それを達成できるビジネスに取り組んでいるのか？　正しい方法を行っているのか？　静かな場所で一人で考えてほしいです。

間違っても、人に決められたことをいやいや行うような人生は避けてほしいなと思います。考え方は人それぞれなので他人の考えを否定する気はないですが、個人的には、人に操られて命令される人生なら、一度きりの人生、リスクを冒してでも自由を目指して冒険してみてほしいですし、たった1年でいいので死ぬ気で努力してみてほしいです。

私は才能や学歴はなかったですが、昔からこの部分は他の人に負けない！　と思える部分がありました。それは、諦めないこと、逆境こそモチベーションが上がる、運は自ら引き寄せる、という考え方です。

若くして成功する人が増えた現代で、私は40歳手前まで、もがき苦しんで時間はかかってしまいましたが、毎日がワクワクできる日々を手に入れることができました。まだまだ、これから達成していきたいことが山ほどあり道半ばではありますが、無職だった頃には夢にも描けなかった日々が現実となりました。私だからこそ伝えられることがあると思い、本書を書きました。あなたにこの想いが伝わり、人生を変えるターニングポイントになればとても嬉しいです。

貰うことよりも与えることを意識したら儲かり始めた

物販がうまくいかず悩んでいた時にいろんな書籍を読んだり、成功している経営者の方に話しを聞いてみました。すると、長期的に成功を収めている人は「先に与える」この考え方を持っている人が多かったです。

中国輸入ビジネスがうまくいかずもがいていた時、私は自分中心に稼ぐことばかりを考えていました。Yahoo! ショッピングに出店した頃に、「先に与える」という考え方を徹底するようにしました。

すると、徐々にビジネスが軌道に乗り始めました。商品の販売を考える時も、どうやって高く売るか？ではなくて、お客様に価格以上の価値を感じていただくにはどうしたらいいか？と考えるようになりました。こういった考えを取り入れることで、人間関係も含め、いろんな分野でうまくいくようになりました。これはスピリチュアル的な話しではなくて、ビジネスや人間関係の本質だと思っています。

人は誰も利用されたくないし奪われたくありません。自分の幸せを考えてくれたり､与えてくれる人を好きになるし応援したくなります。ビジネスで「どうやって儲けるか」はもちろん大事ですが、それより先に「お客様はどうやったら喜ぶか」その視点がないと長く繁栄するビジネスは作れないと思いますし、長期的に生き残り、他社より選ばれるショップを運営していくのは難しいはずです。

物販の商品や販売ページにおいてもお客様目線で考えて施策するというのがとても大事ですし成果に繋がります。お客様に喜んでいただくことを考えていないと中々良いアイデアは生まれません。商品のどこを訴求するか？　何をすればお客様が喜ぶのか？　しっかりと調べて、お客様の喜ぶ商品を仕入れて、見やすい販売ページにして、買い物がしやすいようにしていくからこそ、お客様も喜び、あなたのショップも利益を出せて喜び、販売するECモールも喜ぶ。周りを巻き込んでプラスの連鎖を生む。綺麗事に聞こえるかもしれませんが、こういった考えこそが周りからの応援も受けて良いアイデアを生み続け、心も幸せな状態で稼ぐことができる最良の考えだと思います。

「理想の生活」を手に入れている人と繋がろう

最短で目標を達成して理想の生活を手に入れるには、それをすでに達成している人と関わることをお勧めします。なぜなら、私が中国輸入で数年間の苦しんだように、自己流でやればやるほど無駄な努力を続けてしまう可能性が高いからです。私が独学で実行して５年かかった成果を、１年で達成してしまった人もいます。その違いは一目瞭然です。事実として時に時間を買うという考えを持っておくと成果が加速できる時があるはずです。料理が苦手な人は自分で考えて作るよりも、レシピを見て料理人に教わった方が早く確実に美味しい料理が作れます。自分でトレーニングするよりもライザップのように指導してもらってトレーニングする方が成果を出す確率やスピードが上がるのも同じです。

自己投資を行って効率良く成功へのロードマップを手に入れて、間違った行動を改善していくことをお勧めします。もちろん、地道に進めていくのも素晴らしいと思いますし、怪しいおいしい話しには気をつけてください。僕も過去に何百万円と騙されてきました。初心者の方が騙されないように、本書だけで多くのことを実行していけるように、意識して執筆させていただきました。数年前の苦しんでいた自分を思い出し、「当時こんな本があったら良かったのに」と思える内容にしました。「数万円の教材を買うぐらいならこの本読んだ方がいいよ」そう言っていただけるように実践に役立つ内容を意識しました。お役に立てれば幸いです。

1円の利益を達成するために即行動しよう！

ビジネスを始める時や、本を読んだ時に「よし！最短で月収100万円稼ぐぞ！」みたいな気持ちになることは多いと思います。この気持も大事なのですが、本当に大事なことは行動することです。最初は目の前の小さな行動を行うことが大事で、小さいな目標を達成することが大事です。多くの人は理想だけが膨らんで途中で面倒臭いことや壁が現れるとすぐに挫折して辞めてしまうことが多いです。ですので、まずは1つ売ること、1円の利益を出すことに集中しましょう。

どれだけ売上が高い人も最初は1つを売ることから始まってますし、月商10万円、次に30万円と目の前の「頑張れば達成できること」に必死になり努力を積み重ねてきています。

この本では仕組み化する方法や自由になる方法も伝えてきましたが、まずは質よりも量を意識して全体像を把握できるまでは必死に行動して人よりも努力する意識を持ってください。仕組み化するにもまずは自分が作業を把握しなければなりません。まずは最初からラクをしようとせずに自分で一通りの作業を経験して、やり切る気持ちで取り組んでみてください。最初に効率を考え過ぎると動きが遅くなってしまいます。

私の周りでも、大きな結果を出した人の共通点はとにかく素直で、初速が早く、やり始めてからの行動力がすごかった人です。今は落ち着いてプライベートも大事にしている人であっても、やり始めは「必ず結果を出すぞ！」という強い気持ちで、目の前の小さく見えることに必死に取り組まれていました。

特に、**リサーチ、ページ作成、SEO、など大事な作業に関しては、ライバルに絶対負けない気持ちで行い「これぐらいでいいかな」ではなく、「これだけやれば誰にも負けない」という基準で行ってください。**

私も本書を、中国輸入やYahoo!ショッピングに関して圧倒的に読者様が役立つ内容を書こう！　という気持ちで書かせていただきました。お役に立てれば幸いですし、人生を変えるきっかけになっていただけたら本当に嬉しいことです。ここまで読んでいただいてありがとうございます！　あなたが１歩を踏み出していただくきっかけになったらとても嬉しいです。少しでも何か実践して成果が出たら是非、ご報告ください！　あなたからのメッセージをお待ちしております。

おわりに

絶対に諦めない！

ついに、あなたが実践に移す時が迫っています。そこで、最後のメッセージとしてこれから壁にぶつかった時にも勇気を持って何度でも立ち上がっていただくために、「絶対に諦めない」という気持ちをお伝えしたいと思います。

私は、おかげさまで現在、ビジネスもプライベートも非常に安定した状態にあります。とても充実しています。しかし、2016年に本業として中国輸入を始めた当初は、順風満帆というわけではありませんでした。苦難の連続でした。「起業したら月収100万円ぐらいは楽勝だよ」と自信満々に妻に話したものの、実際にスタートして半年が経過しても月収はゼロのままでした。結婚して子供もいて、月収ゼロで貯金を切り崩す日々は本当に苦しい状況でした。

資金が底をつき、キャッシングのページを見ながらダラダラと仕事をする日々が続きました。クレジットカードのリボ払いを行い、それでも足りなくなって借金をして、実力がないからグレー商品ばかりに手を出し、売上だけを追いかけました。お金が全く残らず、品質を無視してとにかく安い仕入れ先から仕入れて販売していたため、お客様からのクレームが相次ぎました。

そんな中、メルカリブームに乗り、複数のアカウントで奮闘しましたが、グレー商品を売り過ぎて、すべてのメルカリアカウントが停止されました。そこで、ヤフオクなどで販売しましたが、クレジットカードの支払い日にお金が足りず、日々苦しい生活を送っていました。

滞納したり借金したり、約３年間、そんな状況が続きましたが、ようやくYahoo!ショッピングに出店した時に暗闇に一筋の光が差しました。これが最後のチャンスだと気持ちを入れ替えて、出店を機にお客様が価値を感じることを意識して取り組むようになり、検品や在庫計算をしっかり行い、ライバルや市場を徹底的に調査し、データを取り入れながら運営方法をガラリと切り替えました。すると、徐々に売上も月商300万円、500万円、1000万円と上昇し、仕組み化も進めることで、不安のない安定した状態を築くことができました。

諦めるタイミングは数多くありましたが、なぜか辞める気にはなりませんでした。40歳手前で資金がなくなりアルバイトを考えたこともありましたし、終わりかもしれないと感じることもありました。

ビジネスをしていると、乗り越えられないと思える困難が訪れることもあります。しかし、その困難は必ず乗り越えられるはずです。いま成功している人々も、同じようなトラブルや、さらに大きな困難を乗り越えてきたのです。特に物販ビジネスは、努力が実を結びやすい素晴らしいビジネスです。お客様や仕入先、プラットフォームから喜ばれながら利益を出すことができます。

あなたにも困難が訪れているかもしれませんが、きっとそれを乗り越え、いつか笑い話しにできるようになります。そして、なぜあんな小さなことで挫折していたのか不思議に思う日が来るでしょう。本書では、一過性のノウハウではなく、生涯にわたって役立つノウハウや考え方を書かせていただきました。ぜひ、あなたのビジネスに活用してください。無職で引きこもり生活をして対人恐怖症で貯金0円だった僕ができたことは、あなたにもできるはずです。

最後になりますが、本書を手に取り最後までお読みいただいたあなたに感謝を申し上げます。あなたのビジネスが成功し、人生そのものが素晴らしいものになることを願っています。あなたとご家族の幸せを心から祈っています。ご覧いただき、ありがとうございました。また、どこかでお会いしましょう。目標を達成して成功した時は是非、お祝いしましょう。応援しています！

奥田準祐（おくだしゅんすけ）

奥田準祐（おくだ・しゅんすけ）

物販会社の経営者兼EC物販コンサルタント。1981年生まれ。3児の父。20代前半は無職、30代はアパレル職、まったくの未経験から中国輸入ビジネスをスタートし、従業員なしで年商1億円を達成。

現在は、輸入販売や国内メーカーと契約しオリジナルブランドも展開。人生を家族と楽しむことをモットーに、仕組み化して自由になれるノウハウをメルマガやLINE、SNSで配信中。

どこに住んでいても長期旅行に行っても運営できる物販ノウハウを確立。数多くの受講生の独立や理想の生活への夢を叶え定評がある。スクール受講生は累計400名を突破。

公式メルマガ：https://okudalabo.com/p/r/5i2XIyiu

中国輸入（ちゅうごくゆにゅう）**—Yahoo!ショッピング完全攻略**（かんぜんこうりゃく）**ガイド**

2023年12月18日　初版発行

著　者　奥　田　準　祐

発行者　和　田　智　明

発行所　株式会社　ぱ る 出 版

〒160-0011　東京都新宿区若葉1-9-16

03(3353)2835—代表

03(3353)2826—FAX

印刷・製本　中央精版印刷(株)

本書籍に関するお問い合わせ、ご連絡は下記にて承ります。

https://www.pal-pub.jp/contact

ISBN978-4-8272-1414-7　C0034